MW00477097

Creole Made Easy
Translation Dictionary

English to Creole Word Translation

Tradiksyon Mo Angle an Kreyòl

Wally R. Turnbull MFA

www.creolemadeeasy.com

Light Messages
lightmessages.com

Copyright © 2012, by Light Messages

CREOLE MADE EASY WORD TRANSLATION

Wally R. Turnbull
creole@creolemadeeasy.com
www.creolemadeeasy.com
Printed in the United States of America
Light Messages Publishing
Durham, North Carolina

ISBN: 978-1-61153-010-0

Please report additional words you would like to see included to: creole@creolemadeeasy.com.

ALL RIGHTS RESERVED

No part of this publication may be reproduced, stored in a retrieval system, or transmitted in any form or by any means, electronic, mechanical, photocopying, recording, scanning or otherwise, except for brief quotations in printed reviews or as permitted under Section 107 or 108 of the 1976 International Copyright Act, without the prior permission of the publisher.

English to Creole Word Translation

a yon
a few kèk, de twa
a little yon ti, ti kras
a lot anpil, yon pakèt
a pinch yon ti kras
a small quantity yon ti gout
a.m. di maten
aback sezi
abandon pati kite
abcess abse
abdomen vant
able kapab, ka
abnormal pa nòmal
aboard abò
abolish desitire, sispann
abort jete pitit, sispann
abortion avòtman, dilatasyon
about apeprè (quantity),
prèske (time), zalantou (place)
above pi wo pase (higher), an
wo, anlè (up)
abrade fwote, kòche
abrasion fwote
abridge koupe kout
abroad lòtbò
abscess abse
absent absan, pa la
absolutely absoliman,
konplètman
absorbed pèdi
abstain (food) pa manje
absurd sòt
abundance bondans
abuse maltrete (v)
accelerator akseleratè
accept aksepte, pran, dakò
(agree)
accident aksidan

accomodate akomode, fè
plas
accompany akonpaye
accomplish akonpli, fè
according to dapre, selon
accordion akòdeyon
account for rann kont
accountable responsab
accountant kontab
accounting kontablite
accusation akizasyon
accuse akize, blanmen
accustom abitye, konnen,
konn
ace las
ache doulè, fè mal (v)
acolyte anfannkè
acquire rasanble, ranmase
across an travè
act zak, aksyon, jwe (actor),
aji (v)
act as though fè tankou
act cowardly fè lach
action aksyon
active aktif
activity aktivite
actor aktè
actual reèl
adapt adapte
add ajoute
addition adisyon
address adrès, adrese (v),
mete adrès (v)
adhesive tape adezif
adjust to adapte
administer (give) bay
admire admire
admission fee antre

admit admèt (to), aksepte, kite antre (in)
adopt adopte
adult granmoun
adultery adiltè
advance avans, avanse, vanse (v)
advantage avantaj
adventure avanti
advertise fè reklam
advertisement reklam
advice konsèy
advise bay konsèy (v) konseye (v),
adviser konseye
affair avanti, afè
affect aji sou
affliction maladi
afraid pè
Africa Afrik, Lafrik
African afriken
afro afwo
after apre
afterbirth delivrans
afternoon apremidi
aftertaste move gou
afterwards apre sa
again ankò
against kont
age laj, vyeyi (v)
agency ajans
agenda pwogram
agent ajan
agitate monte tèt
agree, accept, ok dakò
agreement antant, dizon
agriculture agrikilti, kilti
agronomist agwonòm
ahead devan, an anvan, pi devan
AIDS, HIV SIDA, katach

ailing malad
aim bi, vize (v)
air lè
air conditioner èkondisyone
airplane avyon
airport ayewopò, aviyasyon
alarm alam, sirèn
alarm clock revèy
album albòm
alcohol alkòl
alcoholic tafyatè
alcoholic drink bweson
algae limon (lanmè)
align fè aliman
alignment aliman
alike menm jan
alive vivan, an vi
all tout
all around toupatou, toutotou
All Saints' Day Latousen
all the time tout tan
allergic genyen alèji
allergy alèji
alley ale
allow pèmèt, kite
almond zanmann
almost prèske
alone pou kont, menm sèl
alongside bò kòt
aloof apa, aleka
alphabet alfabè, abese
already deja, gentan
altar lotèl
although kwake, byen ke
altogether tout ansam
aluminum aliminyòm
always toujou
ambassador anbasadè
ambiguous pa klè
ambition anbisyon
ambulance anbilans

amen amèn
American Ameriken
among pami, ant, nan tout
amount valè, kantite
amplifier anplifikatè
amulet potèj, poteksyon
amuse amize, fè ri
an yon
ancestor zansèt
anchor lank
anchovy janchwa
ancient vye
and e, epi
anemia anemi
anesthesia anestezi
anesthetize andòmi
angel zanj
anger kolè
angle ang
angry fache, an kòlè
animal animal, bèt, zannimo
(plural)
animal hair pwal
ankle koud pye, jwenti pye
announce anonse
announcement anons
announcer espikè
annoy nwi, annwiye, anmède
annoying anmègdan
annually chak ane
another lòt, yon lòt
answer repons, reponn (v)
ant fomi
antenna antèn
anthill nich fomi
antibiotic antibyotik
anticipate prevwa
antidote antidòt, remèd kont
pwazon
anus tou dèyè, tou bounda
anxious enkyè

any nenpòt
anybody nenpòt moun
anyhow kanmenm
anymore ankò
anyone nenpòt moun
anything nenpòt bagay,
anyen
anytime nenpòt lè
anywhere nenpòt kote
apart sou kote, a pa
apologize mande padon
apology eskiz
apostle apot
apparently genlè
appear samble, parèt
appendicitis apenndisit
appendix apendis
appetite apeti
applaud bat bravo, aplodi
applause bravo
apple pòm
appliance aparèy
application aplikasyon
apply fè aplikasyon, aplike
apply (a product) pase
appoint nonmen
appointment randevou
appraise fè estimasyon
apprentice apranti
approach apwòch, pwoche
(v)
approve dakò, apwouve
approximately apeprè
apricot abriko, zabriko
April avril
apron tabliye
arbor tonèl
archbishop monseyè
architect achitèk
area zòn
argue diskite

argument rezon (for), diskisyon
arid sèk
arise leve
arithmetic aritmetik, kalkil
arm bra, ponyèt, ame (v)
armed ame
armpit anba bra
arms zam (weapons)
army lame
around apeprè (amount), zalantou (place), toutoutou
around the clock lajounen kou lannuit
arrange ranje
arrest arete
arrive rive
arrogance awogans, pretansyon
arrow flèch
arsenal depo zam
artery venn
arthritis atrit, fredi
artichoke aticho
article bagay, atik (in newspaper)
artist atis, pent
as konwè, kouwè, piske, tankou (the same as)
as if konmsi
as long as kòm
as of patid
ash sann
ashamed wont
ashtray sandriye
aside a pa, a kote
ask mande, poze
ask around mande moun
asparagus aspèj
asphyxiate toufe
aspirin aspirin

ass deyè, bounda
assassin asasen
assassinate asasinen
assault daso, atak, pran daso (v)
assemble rasanble,
assembly line montay
assist asiste, ede
assistance èd
associate asosye
assurance asirans
assure garanti, asire
asthma opresyon
at once koulye a
at what time ki lè
at which time a ki lè
atmosphere anbyans
attach mare
attack atak, atake (v)
attempt tante, eseye
attend asiste
attention atansyon
attorney avoka
attract atire
audience asistans
August dawou
aunt matant, tant
authority otorite
automobile oto, machin
autopsy otopsi
average mwayènn
avocado zaboka
avoid evite
await tann
awaken leve, reveye
away absan, pa la (absent),
awhile yon ti moman
awkward agòch, maladwat, malagòch, goch
ax rach
axle aks

babble babye
baby bebe, ti bebe
baby bottle bibon
back do
back on one's feet sou de pye
back to back youn dèyè lòt
back up fè bak
backache do fè mal
backbone zo rèl do
backbreaking fyèl pete
backfire tounen mal
backside dèyè
backwards devan-dèyè, pa do
bacon bekonn, ladon
bad move, pa bon
bad luck devenn
bad weather move tan
badly mal
bag sak
bagasse bagas kann
baggage efè
baggy laj, flòk
bail jete dlo, jete
bait lak, lake (v)
bake anfounen, kwit nan fou
baker boulanje
bakery boulanjri
baking powder poud elevasyon
baking soda bikabonnat
balance ekilib, balans, balanse (v)
balance sheet bilan
balcony balkon
bald chòv
bale bal
ball balon, boul, bal (danse), dans (danse)
balloon blad

ballot bilten
bamboo banbou
banana fig. fig mi
band djaz, (jazz or rock)
bandage banday, pansman, bande (v)
banjo bandjo
bank bank, labank, bò rivyè (river bank)
bankbook kanè
banner bandwòl
banquet gwo resepsyon
banter fraz
baptism batèm
Baptist batis
baptize batize
bar ba
barbed wire fil fè
barber kwafè
barber shop kay kwafè
bare ni, touni, toutouni
bareback a pwal
barefoot pye atè
bargain bon afè, bon pri, piyay
bargain to machande
bark kòs, jape (v)
barrel barik
barren branrany
base baz, bounda
basin kivèt
basket panye
basketball baskèt(bòl)
bass bas
bass drum kès
baste wouze
bat chòv-sourit (mammal)
bat (v) bat, frape
bath ben, beny
bathe benyen

bathing suit kostim de ben, chòt de ben
bathroom kabinè, saldeben, watè
bathtub benywa
batter bimen (v)
battery batri, pil
battle batay
be (v) egziste
be able to kapab, ka
be important gen enpòtans
be in a fix antrave, mele, pran
be in hot water nan poblèm
be out of order pa mache
be patient pran san ou
be up on konnen
be worth vo
beach plaj
bead grenn kolye
beady pich pich
beak bèk
beam poto, reyon, travès
bean pwa
bear lous, sipòte, donnen (v),
bear down peze
bear offspring fè
beard bab
beat bat (v)
beautiful bèl, mayifik
beauty bèlte
beauty mark siy
beauty shop estidjo
because paske, pase
because of akòz
become vin, vini
bed kabann
bed sheets dra
bedbug pinèz
bedlam deblozay
bedridden kouche

bedroom chanm
bedspread kouvreli
bedwetter pisannit
bee myèl
beef bèf, vyann bèf
beehive nich myèl
beep bipe
beeper bipè
beer byè
beet bètrav, bètwouj
beetle vonvon
before devan, anvan (time)
beg mande
beggar mandjan
begin kòmanse, tanmen
behave kondwi tèt
behind dèyè, an reta
behind someone's back dèyè do yon moun
belch rann gaz, degobye
believe kwè
belittle desann
bell klòch
bell pepper piman dous
belly vant
bellyache vant fè mal
belong pou, pa
belongings afè
below anba
belt kouwa, senti
bench ban
bend koube
bend down bese
beneath anba, an ba
benediction benediksyon
benefit avantaj, rapòte (v)
bereaved an dèy
beside a kote
besides anplis
best pi bon pase tout, pi bon, pi byen

best man parenn nòs
bet paryay, parye (v)
betray trayi
better pi bon, miyò, pi byen
between mitan, nan
beyond pi lwen pase
bib bavèt
Bible Bib, Labib
bicarbonate bikabonat
biceps bibi
bicycle bekàn, bisiklèt
big gwo, gran
big boss gwo tèt
big shot zotobre, gran nèg
big toe gwo zòtèy
bile fyèl
bill bil, bòdwo, fakti
billboard pankad
billiards biya
bingo bengo
binoculars lonnvi
bird zwazo
birdbrain sèvèl poul, ti tèt
birth nesans
birth certificate batistè
birth control planing
birth-control pill grenn
planing
birthday fèt
birthmark anvi
biscuit biskwit
bishop evèk, monseyè
bit moso, mèch (drill)
bit brace vilbreken
bitch fenmèl chen
bite mòde (v), kout dan (n)
bite fingernails manje zong
bitter anmè
blabbermouth djòl alèlè
black nwa
blackboard tablo

blacken nwasi
blackout blakawout
blacksmith fòjon, fòjwon
bladder blad pise
bladder infection enfeksyon
blad
blade lanm
blame blanmen, repwòch,
bay tò (v)
bland fad, san gou
blank blanch
blanket lenn
bleach blanchi (v)
bleed senyen
bleeding senyen
blender blenndè
bless beni
bless you Djebenis
blind avèg
blindfold bande je
blink bat je ou
blinker siyal
blister glòb, zanpoud
bloated anfle, gonfle
block blòk, bare (v)
blood san
blood clot san kaye
blood pressure tansyon
blood sausage bouden
blood vessel venn
bloodshot wouj
bloom fleri
blouse kòsay
blow (hit) kou, kout, mouche
(nose), souffle (v), vante (v)
blow down jete
blow out touye
blow up (air) gonfle, bay van
blow up (explode) eklate
blue ble
blueprint plan

blunt kare
blush wouji
boar koure (kochon)
board planch
boarding house pansyon
boast vante (v)
boastful djòlè
boat batiman, bato
bobbin bobin
bobby pin epeng cheve
body kò
body hair pwèl
boil (abcess) klou, bouton
boil (liquid) bouyi
bolt boulon, takèt, kout, boulonnen (v)
bomb bonm
bone zo
bonnet bone, bonèt
bonus degi
book liv
book cover po liv
bookkeeper kontab
bookstore libreri
boot bòt
booze tafya
border fontyè, fwontyè
bore a hole fè yon twou
boring raz
born fèt
borrow prete
boss bòs, patwon, chèf
both tou le de
bottle boutèy, mete nan boutèy (v)
bottle cap bouchon
bottle opener kle kola
bottled water dlo kiligann, dlo nan boutey
bottom dèyè, anba, an ba, fon

bounce mate
bounce back reprann
boundary limit, bòn
bouquet bouke
bow salye, koube (v)
bow tie wozèt
bowl bòl
box bwat
box spring somye
boy gason, bway
boyfriend mennaj
bra soutyen
bracelet goumèt, braslè
brag fè djòlè
braggart granchire
braid très, trese (v)
brain sèvèl, sèvo
brake frennen (v)
brakes fren
branch branch
brand tanpe (v)
brand-new tou nèf
brass band fanfa
brass knuckles fo pwen
brave brav, kouraje
bray ranni
brazier recho
bread pen
bread (sliced) pen tranche
breadfruit lanm, lam veritab, veritab, lab veritab
breadfruit nut labapin
break poze, kraze (v), kase (v)
break a horse donte
break away pran devan
break down defanse
break off kase
break open kase
break up kite
breakdown pàn, (machine)

breakfast ti dejene
breast tete, sen
breast-feed bay tete
breastbone biskèt, zo biskèt
breath souf
breathe respire
breed ras
breeze ti van, van
brick brik
brick mason bòs mason
bride lamarye, zo nen (nose), pon (deck)
bridle brid
briefcase valiz
bright madre, klè, briyan
brim bouch, rebò
bring pote, mennen
bring back fè chonje
brittle frajil
broccoli bwokoli
broke razè
broken kase
bronchitis bwonchit
bronze bwonz
broom bale
brother frè
brother-in-law bòfrè
brown mawon
brown sugar sik wouj
bruise metri
brush bwòs, bose (v), bòs
brutal brital
buck ponpe (v)
bucket bokit
buckle bouk, boukle (v)
bud boujon
buddy bon zanmi
budge bouje
bug ti bèt
bugle klewon
build bati

building kay, batiman
bulgur (cracked wheat) ble
bull towo
bulldozer bouldozè
bullet bal
bump frape (v)
bump into tonbe sou, kwaze ak
bump on head konkonm, bòs
bumper defans
bunch rejim (bananas)
bundle voum, pake
bunion kò, zobòy
buoy bwe
burden chay
burial antèman
burlap kolèt
burlap sack sak kolèt
burn pike (spicy), boule (v)
burp degobye, wote
burst eklate, pete
bury antere
bus bis
bus station estasyon
bus stop stasyon
bushy founi
business afè, okipasyon
busy okipe
busybody fouyapòt
but men
butcher bouche
butt deyè, bounda
butter bè, bere (v)
butterbean pwa bè
butterfly papiyon
buttock bò bounda
button bouton, boutonnen (v)
buttonhole boutonnyè
buy achte
buyer achtè
buzz boudonnen, kònen

by bò, pa, a, bò kote
by hand a la men
by heart pa kè
by him/herself, pou kont li
cab taksi
cabbage chou
cable telegram
cacao kakawo
cackle kakaye, kodase
Caesarean section sezaryèn
cage kalòj
cahoots konfyolo, nan
konfyolo
cake gato
cake pan plato pou gato
calculate kalkile
calculator kalkilatris
caldron gwo chodye
calendar almanak
calf molèt
call rele (v)
call for mande pou
call out rele
callous (person) gen kè di
calm trankil, kal
calm down kalme
camera kodak
camp kan
camphor kanf
can mamit, bwat, met (v), ka
(able), kab (able), kapab (able)
canal kanal
cancel anile
cancer kansè
candidate kandida
candle bouji, balèn
candy sirèt (hard), dous
(fudge), tablèt (praline)
cane badin, baton
canister kanistè
cannon kanno

cantaloupe kantaloup
canteen kantin
cap (for bottle) bouchon
(bottle), kaskèt (baseball)
capital kapital
capsize chavire
capsule grenn
captain kapitèn
capture kenbe, pran
car oto, machin, vwati
caramel karamèl
carbon paper papye dekalke
carbonated avèk gaz
carburetor kabiratè
carcass kakas
card kat
cardboard katon
cardiologist kadyològ, doktè
kè
cards kat
care swen
care for okipe, bay swen
careful veye, fè atansyon
careless neglijan
cargo chajman
carnival kanaval
carpenter ebenis, chapant
carpet tapi
carrot kawòt
carry pote
cart kabwèt
casaba melon melon frans
case kès, ka, pòch
cash chanje (v), touché (v)
cash register kès
cashew nwa kajou
cashier kesye
casket sèkèy
cassava manyòk (root)
cassava bread kasav
cassava cake bobori

cassava flour lanmidon
cassette tape kasèt
cast a spell voye mò
castle chato
castrate chatre
cat chat
catch atrap, pran
catch fire pran dife
catch one's breath pran souf ou
catch up to jwenn ak/avè(k)
category kategori
caterpillar chèni
cathedral katedral
Catholic katolik
catsup kètchòp, sòs tomat
cattle bèt, betay, bèf
cauliflower chouflè
cause koz, lakòz
caution prekosyon
cave kavèn, tou wòch
ceiling plafon
celebrate fè fèt
celebration fèt
celery seleri
cell kacho
cement siman
cemetery simityè
census resansman
cent santim
center milye
centipede/millipede annipye, milpye, milpat
century syèk
ceremony seremoni, sèvis
certain sèten, si
certificate ak
cervix bouch matris
chain chenn
chair chèz
chalk lakrè

chamber pot pòtchanm, vaz
chameleon aganman
champion chanpyon
championship chanpyonna
chance aza, chans
change chanjman, chanje, ti monnen (money), monnen
channel kanal
chapter chapit
character karaktè
charcoal chabon
charge chaj (battery), chaje (v), fonse sou (v)
charity charite, lacharite
charm wanga, fetich, chame (v)
chase pati dèyè, kouri dèyè
chassis chasi
chat koze, koze (v)
chauffeur chofè, fè chofè (v)
chayote squash militon
cheap bon mache
cheat triche
check chèk, kawo (square), kontwole (v), tcheke (v), gade (v)
check out kite
checkbook kanè chèk
checkerboard damye
checkers damye
cheek machwè
cheer bravo, aplodisman
cheese fwomaj, fonmay
cherry seriz
chest lestonmak, pwatrin, kof (trunk)
chew kraze, moulen, bat bouch
chew up manje
chewing gum chiklèt
chicken poul

chicken breast fal poul
chicken out kraponnen
chicken pox saranpyon
chicken thigh kwis poul
chicory chikore
chief chèf
child timoun, pitit
childbirth akouchman
chill fredi
chimney cheminen
chin manton
chips papita
chisel biren
chittlins andwi
chives siv
chock kore (v)
chocolate chokola
choice chwa
choir koral
choke trangle
choose chwazi
Christian kretyen
Christmas nwèl
church legliz, otanp, tanp
cigar siga
cigarette sigarèt
cigarette butt pòy
cigarette lighter brikè
cinch sang
cinder sann
cinnamon kanèl
circle sèk, wonn
cirrhosis siwoz
cistern sitèn, basen
citronella sitwonnèl
city lavil, vil
civilize sivilize
civilized sivilize
claim relclame (v)
clamp down sere boulon
clandestine anba chal

clap kout, bat bravo (v), aplodi (v)
clarinet klarinèt
class kou, klas
classroom klas
claw grif
clean ijenik, pwòp, netwaye (v), pwòpte (v)
clean up netwaye
cleanliness pwòpte
clear klè
clear a passage debouche
clear out debarase
clear up eklèsi, regle
cleat kranpon
clench sere, mare
clerk moun kap travay nan biwo
clever entelijan, gen lespri
client pratik
cliff falèz
climb down desann
climb out desann sot
climb over pase sou
climb up monte
cling to kole
clinic klinik
clip taye (v)
clitoris langèt, klitoris
cloak manto
clock revèy, òlòj, pandil
clock in ponntye (antre)
clock out ponntye (soti)
clogged bouche
close fèmen (v)
close (near) pre, tou pre
close at hand prèt pou rive
closed fèmen
closet amwa
clot kaye (v)
cloth twal

clothes rad
clothes hanger sèso
cloud nway
cloudy chaje
clout piston
clove jiwòf
clover trèf
club chaplèt, kokomakak, bay
chaplèt (v), chaplete (v)
clubs trèf
clue poul
clump boul, touf
clumsy agòch, maladwat,
malagòch
clutch klòtch
coach antrenè, antrene (v)
coalition tèt ansanm
coarse gwo, gwosye
coast kot, larad, fè woulib (v)
coast guard gadkòt
coat palto, vès, kouch (layer)
coated kouvri
Coca cola koka
cock kòk
cockfight bat kòk
cockscomb krèt
cocoa poud kakawo
coconut kokoye
coconut bread konparèt
coconut fiber tach
cod (salted and dried)
lanmori, mori, aransèl
coffee kafe
coffee pot kafetyè
coffee sock grèp
coffin sèkèy
coil mawonnen (v)
coin pyès
coincide tonbe menm lè
coins monnen
cold frèt, fredi, grip (illness)

colic kolik
collapse (pass out)
endispoze
collar kòl , kolye
collarbone salyè, zo salyè
collateral garanti
collect rasanble, ranmase
collection kèt, lakolèt
colonel kolonèl
colony koloni
color koulè, bay koulè (v)
comb peny, penyen (v)
combat konba
combination lock kadna
sekrè
combine melanje
come vin, vini, rive
come back tounen, retounen
come clean bay verite a
come down with pran
come from soti
come loose delage
come to revini
comfort konsolasyon
comfortable alèz, dous
commerce komès
commission komisyon
committee komite
common òdinè
common law marriage
plasay
common sense bon sans
communion lasentsèn
company konpayi, sosyete
compare konpare
compartment chanm
compass konpa
compassion pitye
competitor konkiran
complain fè plent, plenyen
complete konplete (v), fini (v)

completely toutafè, nèt, konplètman
complicated konplike
compliment konpliman
complimentary gratis
comply respekte
component pyès
compose konpoze
composure sanfwa
compress konprès
computer konpitè, òdinatè
conceal sere
conceited sekwa
concern tèt chaje, pwoblèm
conch lanbi
conch shell horn kòn lanbi
conclude deside
concrete beton
concrete slab dal
condemn kondane
condescending odsidmoun
condition eta, kondisyon
condom kapòt
cone kòne
confection bonbon
confess konfese, admèt
confession konfesyon
confidence konfyans
confidential sekrè
confuse bouye
confused bouye
confusion kafouyay, twoub
congestion konjesyon, toufe
congratulate konplimante, fè konpliman
congratulations konpliman
congress lachanm
conjunctivitis malozye
connect konnekte
connection relyasyon
conquer venk

conscience konsyans
conscious gen konesans
consciousness konesans
consecutive youn dèyè lòt, youn apre lòt
consent konsanti, dakò
consider kalkile, konsidere
console rekonfòte, bay kouraj
conspire fè konplo
constipated konstipe
constipation konstipasyon
constitution konstitisyon
construction batisman
construction site chantye
contact kontak
contagious atrapan
contain kenbe
container kontenè (shipping)
contaminate kontamine
contest konkou
continue kontinye
contraband kontrebann
contract kontra
contraction tranche
control kontwòl
conversation pale, koze, kozman
convert konvèti
cook kizinyè(z), kwit (v), fè manje (v)
cooked kwit
cookie bonbon
cookie sheet plato pou bonbon
cool fre
cooler (ice chest) glasyè
cope sipòte
copper kuiv
copy kopye (v)
cord fisèl
core kè

cork bouchon lyèj, lyèj
corn (foot) kò
corn (maize) mayi
corn flakes kònfleks
corn on the cob mayi ole
corncob bougon (mayi), bwa mayi
corner kwen, kwense (v)
cornmeal mayi moulen
cornstartch pudding akasan
corporal kaporal
corpse kò, kadav
correct korije (v)
corrode manje
corrupt konwonpi
cost koute (v)
cot kad
cotton koton
couch divan
couch divan, kanape
cough tous, touse (v)
could ta ka, gen dwa
council komite
count konte (v), gen enpòtans (v)
counter kontwa
counterfeit pa bo, fo
country peyi
coup d'état koudeta
courage kouraj
course kou
court tribinal
cousin kouzin (female), kouzen (male)
cover kouvèti, po, kouvri (v)
cover for kenbe pou
cover up for sere pou
covered kouvri
cow vach, bèf
coward kapon
cowardly lach

cowboy kòbòy
crab krab
crab louse/crabs mòpyon
crack fant, fele (v)
cracker biswit sèk
cradle bèso
cramp lakranp
crank mannivèl
crankshaft chaf
crawfish kribich
crawl rale, mache
crayfish/crawfish kribich
crazy fou
cream krèm lèt
creature kreati
credit kredi
creep ranpe
Ce kreyòl
crescent roll kwasan
crew ekip
crewcut alabwòs
crib bèso
cricket krikèt
crime krim
cripple kokobe (v)
crippled enfim, kokobe
crisp sèk
critic moun kap kritike
critical (grave) grav
criticize kritike
crock ja, dja
crooked kwochi
crop kilti, rigwaz
cross kwa, kwaze (v), travèse (v)
cross (a river) janbe
crossbeam travès
crossroad kafou
crotch fouk
crouch koupi
crow kaw (bird), kaw (v)

crowd foul
crown kouwòn
crucifix krisifi
crud kouch, kras
crude gwo soulye, maledve
cruel mechan
cruelty mechanste
crumb myèt
crush kraze
crust kwout
crutch beki
cry kriye (v)
cucumber konkonm
cuff pwaye
cup tas, gode (metal)
cupboard bifèt, gad-manje, pantyè
cupcake kokonèt, ponmkèt
curdle kaye
cure tretman, remèd, geri (v)
curfew kouvrefe
curious kirye
curl bouklèt
curler woulo
current kouran
currently koulye a
curse madichon, malediksyon, di betiz (v)
cursor kisè
curtail siprime
curtain rido
curve koub, fè yon koub (v)
cushion kousen
cushy dous
cuss joure
custodian jeran
custom koutim, abitid
customer kliyan, pratik
customs ladwann
cut koupe
cut down koupe

cut off koupe
cut out dekoupe
cyst kis
dab ti kras
dagger ponya
daily chak jou
dam barikad
damage dega, domaj, domaje (v)
damp imid, mouye
dance bal, dans, danse (v)
dance floor pis
dandruff kap
danger danje
dare gen odas, oze, bay defi (v)
dark nwa, fè nwa, fonse, sonm, bren
darkness tenèb, fènwa
dart (arrow) flèch
dash tirè (line), ti kras (a little)
dashboard dach
data done
date dat
daughter pitit fi, fi
daughter-in-law bèlfi
dawdle mize
dawn vanjou
day jou, jounen
day and night lajounen kou lannuit
day before yesterday anvan yè
daytime lajounen
daze, dazed toudi
dead mouri, mò
dead of night gwo lannuit
deaf soud
deal ba, bay, ban
dear cheri

death lanmò
debt dèt
decay pouriti, pouri (v)
deceased mouri
deceive twonpe
December desanm
decent debyen
decide deside
decision desizyon
deck pon
deck of cards je kat
declare deklare
decorate dekore
decrease diminye
deed papye
deep fon
deep pit tchouboum
deep trouble tchouboum
defeat bat, kale, defèt
defend defann
defense defans
defiance defi
definitely san mank
deflate pèdi van, retire van nan
deflect devye
dehydrated dezidrate, kò sèch
delay mize, reta, mete anreta (v)
delete retire
deliberately espre
delicate delika, frajil
deliver delivre
delivery akouchman
delusion foli
democracy demokrasi
demonstrate montre
demoralize kraze
demote degrade, desann grad

denim abako
denounce denonse
dent kolboso, fè kolboso (v)
dentist dantis
dentist dantis
dentures atelye, danti
deny refize
department depatman
depend konte, depann
dependable serye
deport voye tounen
deposit fè depo, depoze
depth fondè
descend desann
desert pati kite, savann dezole, kite
deserve merite
desire dezi, vle, anvi (v), dezire (v)
desk biwo
despair dezespwa, dezespere (v)
despite malgre
dessert desè
destiny desten
destroy detwi
detach detache
detail detay
deteriorate vin pi mal
determination volonte
determined deside
detest rayi
devastate kraze moral
develop devlope
devil dyab, satan
dew lawouze
diabetes dyabèt, sik
diamond diaman
diamonds kawo
diaper kouchèt
diaphragm dyafram

diarrhea dyare, djare
dibble pens
dice tchake
dictation dikte
dictator diktatè
dictionary diksyonnè, diksyonne
die (dice) zo (dice), mouri (v)
diesel dizèl
diesel fuel gazòy
diet rejim
differ gen diferans, pa dakò
different lòt
differently yon lòt jan
difficult difisil
dig fouye
dig up detere
digest dijere, pase nan vant
dignitary gwo chabrak
dilute dekoupe
dim fèb
dimple tou bote
dining room salamanje
dinner dine, manje midi
dip plonje, tranpe (v)
diphtheria difteri
diploma diplòm, sètifika
dipstick gedj
direct dirije (v)
direction (way) sans
directions (instructions) eksplikasyon
directly direk, tou dwat
director direktè
dirt kras, salte
dirt cheap piyay
dirt road wout tè
dirt, krud kras
dirty sal
disagree pa dakò

disagreeable dezagreyab, anmègdan
disappear disparèt
disapprove pa dakò
disarm dezame
disaster dezas
discard jete
discharge revokasyon, revoke (v)
discharged bay egzeyat
discipline disiplin, korije (v)
discontinue sispann
discourage dekouraje
discouraged dekouraje
discover dekouvri, jwenn
discuss diskite, pale
disease maladi
disfigure defigire
disgrace fè wont
disgust degoutans, degoute (v)
dish pla, manje
dish towel tòchon
dishes vèsèl
dishonest malonnèt
dishpan kivèt
dishpan, wash basin kivèt
dishtowel twal asyèt, tòchon
disinfect dezenfekte
disk dis
diskette diskèt
dislike pa renmen
dislocated dejwente
dismiss lage
disobey dezobeyi
disorder dezòd
disorderly an dezòd
dispensary dispansè
display expoze, espozisyon
disqualify elimine
disrobe dezabiye

dissolve fonn
distant lwen
distilled water dlo distile
distillery gildiv
distinguish rekonnèt
distract fè distrè
distribute separe
district distrik
disturb enmède
dive plonje
divide separe, pataje
division divizyon
divorce divòs, divòse (v)
dizziness toudisman, vètij, tèt vire
dizzy toudi
do fè
do business fè afè
do one's duty fè devwa ou
do one's homework fè devwa ou
dock waf, kochte (v)
doctor doktè
doctor's office biwo doktè, klinik
document papye
dodge eskive
dog chen
doll pope
dollar dola
Dominican dominiken, panyòl
Dominican Republic Sendomeng
dominoes domino
don't mention it pa dekwa
donkey bourik
door pòt
doorstep machpye
doorway papòt
dosage, dose dòz

dot pwen
double arm width bras
double chin babin
doubt dout
dough pat
dove toutrèl
down ba, an ba
downstairs anba
downtown lavil la
doze kabicha
dozen douzèn
draft kourandè, bouyon
drag rale, trennen
drag ones feet trennen pye
dragonfly demwazèl
drain dren, degoute (v)
drainage drenaj
draw fè potre (v), fè desen (v)
draw back rale kò ou
draw in fòse antre
drawback pwoblèm
drawer tiwa
drawing desen (image), tiraj (lottery)
dream rèv, reve (v)
drenched mouye tranp
dress wòb, abiye (v)
dress a wound panse
dressed up bòzò, bwodè
dressing pansman (wound)
drift drive
drill fè egzèsis
drink bwason, bweson, bwè (v)
drinking glass vè
drinking straw chalimo
drip degoute
drive kondwit, mennen nan machin
drive someone crazy fè fou
driver chofè

driver's license lisans
drizzle farinen
drool bave
drop gout, lage (v), kite tonbe (v), lese tonbe (v), tonbe (v)
drop by pase
drop someone a line fè de ling, fè de mo
dropper konngout
drought sechrès
drown neye
drug dwòg
drugstore fanmasi
drum doum, droum, tanbou
drummer tanbouyè
drums batri
drumstick pye poul
drunk sou
dry sèk, chèch, sèch, seche (v), siye (v)
dry cleaner dray
dry off siye kò ou
dry one's eyes siye je ou
duck kanna, koubi (v)
due to a kòz, poutèt
dugout canoe bwafouye
dull sonm
dumb sòt, bèbè
dumbfounded bèkèkè
dump boko fatra, depotwa, lage (v)
dumpling bòy, doumbrèy
dung kaka
dungeon kacho
dunk tranpe
duplicate doub
during pandan
dusk labrin, solèy kouche, bren
dust pousyè, siye pousyè (v)

dwell upon kalkile sou
dwelling kay
dyke madivinèz
dysentery kolerin
e-mail imel, kouyè elektwonik
each chak
ear zòrèy, zepi (corn)
ear wax kaka zòrèy
earache malzòrèy
eardrum tande zòrèy
earlobe boul zòrèy
early anvan lè, bonè
earn merite
earphone kònè
earring zanno
earth latè, tè
earthquake tranblemann (de tè)
earthworm vètè
ease kalme
east lès
Easter pak
easy fasil, senp
eat manje
eater manjè
eavesdrop koute anbachal
echo repete
eczema egzema
edge arebò, rebò, bò
educate edike
eel zangi
effect efè
effort efò
egg ze
egg-beater batèz
egg, fried ze fri
egg, hard boiled ze bouyi
egg, poached ze poche
egg, scrambled ze bwouye, zebat
egg, soft boiled ze alakòk

eggplant berejèn
eight o'clock uitè
eight uit, w it
eighteen dizuit, dizwit
eighth uityèm, wityèm
eighty katreven
eighty eight katrevenuit
eighty five katrevensenk
eighty four katrevenkat
eighty nine katrevennèf
eighty one katrevenen
eighty seven katrevensèt
eighty six katrevensis
eighty three katreventwa
eighty two katrevende
either seswa, youn ou lòt, swa, ni (or)
elastic elastik
elbow koud (bra), koud
elder grandèt
eldest lene, pi gran, premye
election eleksyon
electric elektrik
electric wire fil kouran
electrician elektrisyen
electricity kouran
electrocardiogram kontwòl kè
electronic elektwonik
elementary school lekòl primè
eleven onz
eleven o'clock onzè
eliminate elimine
elite lelit
else oswa
elsewhere lòt kote, yon lòt kote
emaciated mèg
embarrass anbarase, fè wont
embarrassment wont

embassy anbasad
embroider bwode
emergency, urgency ijans
emery paper papye emri
employ bay travay, anplwaye
employee anplwaye
employment travay
empty vid, vide (v)
empty-handed de men vid
enclose mete
encounter tonbe sou
encourage ankouraje
encouragement ankourajment
end bout, pwent, fen
endurance rezistans
endure sipòte
enema lavman
enemy lennmi
energy kouray
engaged fiyanse
engine motè
engineer enjennyè
English angle, anglè
engrave grave
enjoy pran plez, renmen
enlarge agrandi
enough ase, dekwa, sifi
enrich, enriched anrichi
enroll enskri
enter antre
enter someone's mind vin nan tèt yon moun
entertain anmize, resevwa
entire antye, tout
entirely nèt
entrance antre
envelope anvlòp
envy jalouzi
epidemic epidemi
epilepsy malkadi

Epiphany Lewa
epistaxis (nosebleed) nen senyen
equal egal, menm
equally egal-ego
equipment ekipay
erase efase
eraser chifon, gonm
erect kanpe, dwat, drèt
erode manje
err fè erè
errand konmisyon
erupt pete
escape chape, sove
especially sitou
essence esans (of vanilla)
estimate estimasyon
evaporate vante
evaporated milk lèt (e)vapore
eve lavey
even menm, kit
even if menmsi
evening swa, aswè, leswa
event evenman
ever janmen
every tout, tou, chak
every bit tout nèt
every now and then yon lè konsa
everyone tout moun
everything tout bagay
everywhere toupatou, tout kote
evict degèpi
evidence prèv
evil mal
ewe fenmèl mouton
exactly jis, won
exam egzamen

examination egzamen, konpozisyon, konsiltasyon (medical)
examine kontwole, egzamine, konsilte (medical)
example, for example egzanp, paregzanp
excellent trè byen/bon
except eksepte, sòf
excepting anwetan
excess anplis, twòp
exchange chanje, twoke, boukante (v), echanje (v)
excite eksite
excited eksite
excuse eskiz, eskize (v)
exercise egzèsis, fè egzèsis (v), egzèse (v)
exhale lage souf ou
exhaust kraze kò ou
exhausted bouke nèt, mouri
exhaustion kòkraz, fatig
exile egzile
exist egziste
expel desitire, mete deyò
expenses depans
expensive chè
experience esperians
experiment esperians
expert ekspè, spesyalis
explain esplike
explanation esplikasyon
explode eklate, sote
explore egzamine
expose expoze
extension cord alonj, ralonj
exterior deyò
extra degi
eye je, zye
eyeball boul je
eyebrow sousi

eyelash pwèl, plim
eyelid po je, pòpyè
fable kont, istwa
fabric twal
face figi, bay sou (v), gade (v)
face down fas anba
factory faktori, izin
fade blaze
faint endispoze, fè endispozisyon, pèdi konnesans
fainting spell endispozisyon
fair klè, jis
faith lafwa
faithful fidèl
fake fo
fall so, tonbe (v), lotòn
fall behind gen reta
fall for tonbe pou
fall off sot tonbe
false fo
false teeth fo dan
familiar òdinè, abitye
family fanmi
family name non
famine grangou
famous fame
fan evantay, vantitatè, fanatik, vante (v)
far lwen
far-sighted pa wè pre
farm abitasyon, fèm, travay tè (v), fè kilti (v)
farmer kiltivatè, abitan
fart pete, fè van
farther pi lwen
fascinating enteresan anpil
fashion mòd, la mòd
fashionable alamòd
fast rapid, vit
fast (v) fè jenn

fast asleep nan fon sonmèy
fasten tache
fat gra (adj), grès (n)
fate desten
father papa
father-in-law bòpè
fatigue fatig, feblès
fatten angrese
faucet tèt tiyo, wobinèt
fault fòt, defo
favor favè
favoritism paspouki
fear pè, perèz, krenn (v)
fearful krentif
fearless pa pè anyen
feasible ka fèt, posib
feast fèt, babako
feather plim
February fevriye
feces poupou, kaka
fed up bouke
feeble fèb
feed manje bèt, bay manje (v)
feel santi, manyen (v), santi (v)
feel up to santi ou kapab
feeling sansasyon
female femèl, fi
fence kloti, lantiray, bare (v), klotire (v)
fend for oneself degaje ou pou kont ou
fender zèl
fertilizer angrè
fetish wanga, fetich
feud ying-yang
fever lafyèv
few kèk
fiancé(e) fiyanse
field jaden, tè
fierce fewòs, move

fifteen kenz
fifth senkyèm
fifty senkant
fifty eight senkantuit
fifty five senkannsenk
fifty four senkannkat
fifty nine senkantnèf
fifty one senkanteyen
fifty seven senkannsèt
fifty six senkannsis
fifty three senkanntwa
fifty two senkannde
fight goumen (v)
figment of someone's imagination nan tèt yon moun
figure chif, kalkile (v)
file lim, limen (v), klase (v)
fill plen
fill a tooth plonbe
fill in bouche
fill in for kenbe pou
film fim
filter filt, koule (v)
filth salte
fin zèl
final dènye
finally anfen
find jwenn
fine amann, fen
finger dwèt
fingernail zong
finish fini, kaba
finished fini, kaba
fire dife, revoke (v), tire (v)
fire engine machin ponpye
fire station kazèn ponpye
firecracker peta
firefly koukouy
fireman ponpye
firm fèm, konpayi, solid

first premye
first name prenon
fish pwason, peche (v)
fish trap nas
fisherman pechè
fishhook zen
fishing lapèch
fishy dwòl, pa klè
fist pwen
fit anfòm, ajiste
fit as a fiddle anfòm kou yon bas
fitting nòmal
five senk
five cents senk kòb
five o'clock senkè
fix ranje
flabbergasted rete bèkèkè
flag drapo
flagpole ma drapo
flame flanm
flank koulin
flap bat (nan van) (v)
flash flach, fè yan (v)
flashlight flach
flat plat
flatten plati
flavor gou
flaw defo
flea pis
flee sove
flesh chè, nannan, vyann
flight etaj, vòl
flinch brennen
fling avanti
flint pyè brikè
flint stone pyè
flipped left and right vire dwat e gòch
float flote, ret sou dlo
floor atè, planche

flour farin, farin frans
flow koule
flower flè
flu grip
fluid likid
flunk koule
flute flit
fly mouch, bragèt, vole (v)
fly off the handle pete yon kòlè
foal poulich
foam kim, kimen (v)
fog bouya
fold pliye
folder katab
follow suiv
food manje, nouriti
fool egare, moun sòt
fool around ranse
fool oneself pete tèt
foolish gaga
foolishness betiz
foot pye
footprint mak pye
for pou
for certain sèten, serye
for free pou granmesi
for good pou toutbon
for long lontan
for nothing pou granmesi
for someone's own good pou byennèt yon moun
for the moment pou kounye a
forbid defann
force fòs, fòse (v), oblije (v)
ford pas
forehead fon
foreign etranje
foreigner etranje
foreman fòmann

foresee prevwa
forest forè, rak bwa
forever toujou, pou tout tan
forewarn prevwa, avèti
forge fòj
forget bliye
forgive padonnen
forgiveness padon
fork fouchèt
form fòm, fòme (v)
former ansyen
fortunate ere
forty karant
forty eight karantuit
forty five karannsenk
forty four karannkat
forty nine karantnèf
forty one karanteyen
forty seven karannsèt
forty six karannsis
forty three karanntwa
forty two karannde
forward avans, an'n avan
foundation fondasyon
four kat
four o'clock katrè
fourteen katòz
fourth ka, katriyèm
fracture kase, fractire
fragile frajil
fragrance sant, odè
frail fèb, enfim
frame ankadreman, antrave (v), mete sou (v)
framework pati chapant
frank kare
freckled takte
free granmesi, lib, gratis, lage (v), bay libète (v)
freedom libète, dwa
freezer frizè

freight machandiz
French franse, frans
French bread bagèt
French fries pòmdetè fri, frit
French toast pen pèdi
frequent dri, ki fèt souvan, rapid
frequently souvan
fresh fre, kri
Friday vandredi
fried fri
friend zanmi, konpè, makonmè
frighten fè pè
fringe franj
fritter marinad, akra (malanga)
frog krapo
from head to foot depi nan pye jis nan tèt
from now on apatandojodi
front devan
frontier fwontyè
frozen glase
fruit fwi, donnen (v)
Fruit Champagne kola
fruit punch fwitponch
fry fri
frying pan pwelon
full plen
full and overflowing plen jouk nan bouch
full well byen pwòp
fun amizman, plez, distraksyon
funeral antèman
funnel antònwa
fur pwal
furnish founi
furniture mèb
fuse fyouz

fussy rechiya
future avni
gal nègès
gale gwo van
gall bladder fyèl
gallon galon
gallop galope
galvanized roofing tòl
gamble jwe aza (v), chans
gamble with jwe ak
gambler azaryen
game jwèt, jibye
gang bann
gap twou, fant
garage garaj, remiz
garbage fatra
garden jaden, fè jaden (v)
gargle gagari
garlic lay
gas gaz
gas station estasyon gazolin
gas tank tank gaz
gasoline gazolin
gate baryè, pòtay
gather rasanble, sanble, ranmase
gather (group meeting) reyini
gaudy djandjan
gauge gedj
gauze twal gaz
gear vitès
gearshift levye
general jeneral, jal
generator dèlko, mayeto
generous donan, jenere
genitals afè, pati
gentle dou, janti
gentleman mesye
gently dousman
germ mikwòb, jèm

German alman
germinate jèmen, parèt, leve
gesture fè siy (v), siy
get jwenn, gen, pran
get by pase, degaje
get even pran yon moun
get one's hands on met men sou
get out lage
gift kado, don
giggle ri pou kont ou
ginger jenjanm
ginger ale kola jenjanm
girdle genn
girl fi, pitit fi, ti fi
girlfriend mennaj
give ba, bay, ban
give away fè kado
give back remèt
give notice avèti
give oneself up rann tèt ou
give out separe
give up abandonnen
given etan
gizzard zizye
glad kontan
glass vit, vè
glasses linèt
glory glwa, laglwa
glove gan
glow klere
glue lakòl, kole (v)
glutton saf
gluttony safte
gnat bigay
gnaw wonyen
go ale
go away ale
go back tounen, retounen
go blind vin avèg
go down dezanfle, pèdi valè

go into anter, antre nan
go on foot ale a pye, rale sou pye
go out soti
go through pase
go to bed kouche
go to the dogs tonbe nèt
go to waste gaspiye
go together mache ansanm
go with mache avèk
go wrong fè erè, pase mal
goal bi, gòl
goalie gadyen
goat kabrit
God Bondye
godchild fiyèl
godfather parenn
godmother marenn
gold lò
gonorrhea grantchalè
good bon
good day bonjou
Good Friday Vandredi Sen
good morning bonjou
good-bye orevwa, babay
goods machandiz, byen
goose zwa
goose bumps chèdepoul
Gospel levanjil
gossip tripotay, fè tripotay (v)
gourd kalbas
gourd bowl kwi
gout lagout
govern gouvènen
government leta
grab rape
grace gras
grade klas, nòt
gradually piti piti
graduation pwomosyon
graft grefe

grain grenn
grand mayifik, gwo
grandchild pitit pitit
grandfather granpapa
grandfather clock pandil
grandmother grann
grape rezen
grape soda kola rezen
grapefruit panplemous , chadèk
grapevine pye rezen, radyodjòl (gossip)
grass zèb, gazon
grasshopper chwal bwa
grassland savann
grate graje (v), rape (v)
grate on someone's nerves siye dan yon moun
grater graj
gratitude rekonnesans
gratuity poubwa
grave grav, fòs
grave digger foseyè
gravel gravye
gravy sòs
gray gri
grease grès, grese (v)
great gran, gwo
greedy gwoje, visye
green vèt
green bean pwa tann
green pea pwa frans
green pepper piman dous
greens fèyay
greet akeyi, salye
grill gri, griye (v)
grilled meat griyad
grin griyen
grind moulen
grind one's teeth manje dan
grinder moulen

grindstone mèl
grit one's teeth sere dan ou
grog gwòg
grope tatonnen
ground tè, moulen
ground beef vyann moulen
groundless san prèv
grounds ma
group gwoup
grow pouse
growl gwonde
grown-up granmoun
grubby sal
grudge kont
grumble babye
guarantee bay asirans (v), bay garanti (v)
guard gad, veye (v)
guava gwayav
guava paste pat gwayav
guess devine (v)
guest envite
guide gid, mennen(v), kondwi
guilty koupab
guinea fowl pentad
guinea pig kochondenn
guitar gita
gulp gobe
gum gonm, jansiv
gun fizi
gunshot bal tire, kout fizi
guts trip
gutter rigòl, dal
guy nèg
gynecologist doktè fanm
habit abitid, koutim
hacksaw si a meto
hail lagrèl
hair cheve
hair net filè
Haiti Ayiti, Haïti

Haitian ayisyen
half demi, mwatye
half cup demi tas
half hour edmi
half-liter demi lit
halfway mwatye
hallway koulwa
ham janbon
hamburger anmbègè
hammer mato
hammock ranmak
hamper kontrarye
hand men, koutmen
hand brake brek
handcraft atizana
handcuff minote (v)
handcuffs menòt
handful ponyen
handgun revolvè
handicapped kokobe
handkerchief mouchwa
handle manch, manyen (v)
handlebars gidon
handout lacharite
handsaw goyin
handshake lanmen
handwriting ekriti
hang pann, pandye, koke
hang around drive
hang around with mache
avèk
hang oneself pann tèt
hang up (v) kwoke
hangover mal makak
happen rive
happy kontan, satisfè
harbor pò, larad
hard di
hard drive dis lou
hard hearted gen kè di
harden vin di

hardly apèn, prèske pa
hardship difikilte
harm fè mal
harmonica amonika
harness kipay, lekipay
harsh di
harvest rekòlt, rekòlte (v)
hasp kouplè, kouplè kadna
hassle tèt chaje
hat chapo
hatch kale (v)
hate rayi
haughtiness pretansyon
haunted ante
have genyen, gen
have a baby fè yon pitit
**have a chip on one's
shoulder** sou kont
have a mind to gen lide
**have eyes in the back of
one's head** gen je nan do
have sex fè bagay
have something on konn
sou
have the hots chofe nan
dèyè
having vices visye
hawk malfini
hay zèb chèch
he li
head tèt
head ache maltèt, tèt fè mal
head start gabèl
headache maltèt, tèt-fè-mal,
modtèt
headboard tèt kabann
headlight limyè machin
heal geri (v)
health sante, lasante
heap pil
hear tande

hearse kòbya
heart kè
heart attack kriz kadyak, kriz kè
heart of stone kè di
heartburn zègrè
heat chalè, chofe (v)
heat rash bouton chalè, chofi, lota, tife, bann chalè
heat rash chofi
heaven syèl
heavy lou
heel talon
heifer gazèl
height wotè
heir eritye
helicopter elikoptè
hell lanfè
hello alo
helmet kas
help anmwe, konkou, ede (v), bourad
hem woulèt, bay woulèt (v)
hemorrhage emoraji
hemorrhoid emowoyid
hen manman pou
her(s) li
herbal tea tizan
here isi, isit, la, prezan
here is/are men
hernia madougoun, maklouklou, èni
herring aran, aransò (kippers)
hers pou li, pa li
hesitate ezite
hibiscus choublak
hiccup òkèt
hide kache (v), po bèt
high wo
high noon gwo midi

high school segondè
higher than pi wo pase
hike pwomnad
hill mòn
hillbilly nèg mòn
him li
himself limenm
hinder jennen
hinge kouple, gon
hip ranch
his pa li, pou li
hit frape (v), bay kou
hitch a ride pran yon woulib
hives bouton
hoard sere
hoarse anwe
hobble bwete, rale sou pye
hock mete nan plàn
hoe wou, sekle ak wou (v)
hog kochon
hoist ise
hold kenbe, kal bato
hole twou
holiday fèt, vakans
hollow vid, kre
holster pòch
holy sakre, sen
Holy Spirit Sentespri
Holy Week semenn sent
home, at home , fwayelakay
homeland peyi pa
homework devwa
homosexual masisi, madoka, desiskole
honest onèt
honey siwo myèl, cheri (person)
honk klaksonnen
honor lonè
hood kapòt motè, kagoul
hoodlum brigan

hoof zago
hook zen, kwochèt, kwòk
hooky woul
hope espere (v), espwa, lespwa
hopscotch marèl
horizontal plat, kouche plat
horn kòn, klaksonn
horse chwal, cheval
horse-shoe fè
hose (for water) kawoutchou
hose (stocking) ba
hospital lopital
hospitalize entène
host mèt kay, losti
hot cho, pike (spicy)
hot chocolate chokola nan lèt cho
hot dog hòt dòg, sosis hòt dòg
hotel otèl
hour lè, è
hourly chak inè de tan
house kay
housekeeper bòn
how kijan, kouman
how far jis ki bò, jis ki kote
how many konbyen
how much konbyen
however sepandan
hub mwaye
hubcap kapo wou
hug anbrase (v)
hull kòk bato
human being kretyen vivan
humble san pretansyon, abese (v)
humid imid
humiliate fè wont
hummingbird wanga nègès, zwazo wanga

humor imè
hump bòs
hunch lide
hunchback bosi, do bosi
hundred san
hunger grangou
hungry grangou
hunt lachas, chase (v)
hunter chasè
hurricane siklòn
hurry prese (v), fè vit (v)
hurt fè mal
husband mari
husk pay
hydrogen peroxide dlo oksijene
hygiene ijyèn
hymn kantik, chan
hypertension tansyon, tansyon wo
hypocrite ipokrit
hypotension tansyon ba
hysteria krizdenè
I mwen
I beseech you, please tanpri
ice glas
ice box glasyè
ice cream krèm
ice cube glason
ice pick pik
ice water dlo glase
ice-cold, iced glase
iced tea te glase
ID card kat didantite
idea lide
identity idantite
idiot egare, bègwè, moun sòt
idle flanen (v)
idler flannè
if si
if I were you si m' te ou

ignore meprize, pa okipe
ill malad
illegitimate dèyò
illness maladi
imagine imajine, kwè
imitate imite
immediately toutswit
immense gran, gwo anpil
immersed koule, kouvri ak dlo
immigration imigrasyon
immobile san mouvman
immunize vaksinen
impertinent frekan
imply vle di
impolite maledve
importance enpòtans
important enpòtan
impossible enposib
impression enpresyon
imprison fèmen nan prizon
improve amelyore
improvement alemye, miyò, amelyorasyon, pwogrè
impurity salte
in nan, lan, an
in a row youn dèyè lòt
in advance alavans
in any case antouka, tout jan
in back dèyè a
in broad daylight gwo lajounen
in charge of anchaje
in fashion a la mòd
in favor of an favè, dakò
in front of devan, anfas
in hiding mawon
in mourning an dèy
in no uncertain terms kareman
in order to pou

in other words sa vle di
in shape anfòm
in someone's place nan plas yon moun
in spite of malgre
in the air sou nou
in the wink of an eye anvan ou bat je ou
in trouble chire, gen pwoblèm
in-law bò
incense lansan
inch pous
incisor dan devan
inconvenience deranje (v)
increase ogmante (v), fè vini pi gran
incurable san gerizon, engerisab
indeed toutbon, annefè
indefinitely pou tout tan
independence endepandans
independent endepandan
index finger dwèt jouda
indigestion gonfleman
indigo digo
individual moun
indoor anndan
industry endistri
inebriated sou, gri
inexpensive pa chè, bon mache
infect bay maladi
infect bay maladi
infected enfekte
infection enfeksyon
infectious atrapan
infested chaje
inflamed wouj, anfle
inflammation anflamasyon
inflate bay van

inflate ones' ego monte tèt
influence enfliyans, piston
influential friend moun pa
influenza gwo grip
inform bay nouvèl, fè konn
inform on denonse
information enfòmasyon
ingrown nail zong nan chè
inhabitant moun
inhale aspire, rale
inherit erite
inheritance eritay
inhibited jennen
initiate inisye
injection piki
injure blese
injury blese, domaj
injustice lenjistis, abi
ink lank
innards zantray
innocent inosan
inquire pran ranseyman
insane fou
insect bèt, ti bèt
insert foure
inside anndan, andedan
inside out lanvè
insinuate vle di
insist ensiste
insistent pèsistan
insolence radiyès
insolent derespektan, radi, maledve
insomnia paka dòmi
inspect enspekte, kontwole
inspection enspeksyon
install mete
installment vèsman
instant moman
instantaneous menm kote (a)

instantly menm kote a
instead alaplas de, olye, pito
instruct enstwi, montre
instruction(s) ekspikasyon,ansèyman, lòd (order)
instrument enstriman
insufficient pa ase
insult ensilte (v), derespekte
insurance asirans
insure asire
intelligence lespri, entelijans
intelligent entelijan
intend fè lide, gen lide
intention entansyon
intentionally espre
interest enterè
interested enterese
interesting enteresan
interfere mele
interference bouyay
international entènasyonal
Internet entènèt
interrupt entewonp, deranje
intersection kafou
interview entèvyou, fè entèvyou (v)
intestine(s) trip
intimidate kraponnen, kaponnen
intimidation kaponnay, kraponnay
into nan
introduce prezante
invade anvayi
invalid malad
invent envante
inventory envantè
invitation envitasyon
invite envite
involved annafè, konplike

iodine yòd, tentidyòd
iron fè, pase (v), repase (v)
ironing board planchèt
irrigate wouze
irritable rechiya
irritate enmède
irritated eksite, irite
irritating anmègdan
island il, zil
isolated izole
it sa, li
it is se
itch gratèl, lagratèl, grate (v)
its pou li
jack djak
jack fish karang
jacket (men's) vès
jackpot gwo lo
jail prizon, mete nan prizon (v)
jam konfiti
jammed up against tou kole ak
January janvye
jar bokal
jasmine jasmendawi
jaundice lajònis
jaw machwè
jealous jalou
jealousy jalouzi
jeep djip
jeer chalbari, bat chalbari dèyè
Jello jelo
jelly jele
jellyfish lagratèl
jerk enferyè
Jesus Jezi
Jew jwif
jewelry bijou
jingle sonnen

jinx devenn, lage devenn sou (v)
job djòb, travay
join antre nan, mete ansanm, fè jwen, jwenn
joint jwen, jwenti
joke blag, bay blag (v)
joker jokè
journalist jounalis
joy jwa
judge jij, jije (v)
judgment jijman
juice ji
July jiyè
jump sote
jump rope sote kòd
jump to it depeche ou
June jen
junk batanklan
jurisdiction kontwòl
just sèlman, jis
just as menm jan
just now fèk
justice jistis
justification rezon
keel ki
keep kenbe, gade bèt
keep an eye on voye je sou
keep an eye on voye je sou
keep one's eyes peeled kale je ou
kettle bonm, kastwòl
key kle
keyboard klavye
keyhole twou kle
kick kout pye, bay kout pye (v), voye pye (v), choute (v)
kid timoun, pitit
kid oneself pete tèt ou
kidnap kidnape

kidney ren
kidney bean pwa wouj
kidney stone pyè nan ren
kill touye
kin fanmi
kind janti, mòd, kalite
kindness bonte
king wa
kingdom wayòm
kippers (herring) aransò
kiss bo
kitchen kizin, lakizin
kitchenware batri kizin
kite kap, sèvolan
kitten ti chat
knee jenou
kneel met a jenou
knife kouto
knob bouton
knock frape
knock oneself out touye tèt ou
knock out blayi, degrennen
knock someone out fè dòmi
knock-kneed kounan
knot ne
know konnen
know how konnen
know of konnen
know to konn
knowledge konesans
knuckle jwenti dwèt
label etikèt, make (v)
labor union sendika
laboratory laboratwa
lace dantèl
laceration blese
lacking manke
ladder nechèl
ladle louch
lady dam, madanm

lake lak, letan
lamb vyann mouton
lamp (light) limyè
lampshade abajou
land tè, ateri (v)
landslide lavalas
language lang
lantern fannal
lard mantèg
large quantity voum
laryngitis anwe
larynx gagann
last dènye, dire (v), pase
last (best) price dènye pri
last name siyati
latch kochte, take (v)
late an reta, ta
later pita
latest dènye
lather kim
latrine latrin, watè
laugh ri
laughter ri
laundry lesiv
laundry hamper panye rad sal
law lalwa, lwa
law firm kabinè
law suit pwose
lawn gazon
lawn-mower tondèz
laxative metsin
lay ponn, poze
lay down (put down) depoze
laziness parès
lazy parese
lead mennen (v), kondwi (v), pran devan (v), plon
leader chèf
leaf fèy
leak koule (v), vwadlo

lean panche, mèg, apiye (v)
learn aprann
lease fèm
least pi piti
leather kui
leave kite, pati (v), mouri
kite (v), konje
lecture konferans
leech sansi
leek pwawo
left goch
left-handed goche
leftover(s) rès, rèskiyè,
manje dòmi
leg janm
leg of meat jigo
lemon limon
lend prete
length longè
lens vè
Lent Karèm
lentil lantiy
leprosy lèp
lesbian madivinèz
less mwens
lessen bese
lesson leson
let (permit) kite, pèmèt
let go lage
let off lage
let out lage
let someone down lage
let someone know fè konnen
let's ann, annou
lethal mòtel
lethargic fèb, manfouben
letter lèt
lettuce leti
level nivo, aplanni (v),
planni (v)
liar mantè

liberty libète
library bibliyotèk
license lisans, patant
license plate plak
lick niche
lid kouvèti
lie manti, bay manti (v), fè
manti (v)
lie down kouche
lieutenant lyetnan
life lavi, vi
lifetime lavi, vi
lift woulib (ride), leve (v)
light limyè, lejè, pal, limen (v)
light as a feather lejè tankou
yon pay
light bulb anpoul
lighten soulaje, fè pi pal
lightening zeklè
lighthouse fa
lightly konsa konsa
like renmen, konwè, tankou
like it or not vle pa vle
likeable emab
liking (someone's) nan gou
yon moun
lima bean pwa souch
limb manm, branch
lime sitwon (fruit), lacho
limeade sitwonad, limonnad
limit limit
limp bwete (v), fennen
line liy, ran, fil
liner doubli
lining doubli
link may
lips lèv, po bouch
lipstick fa
liquid likid
liquor tafya
list lis

listen koute
listless molas
lit up klere
liter lit
litter fatra
little piti, ti
little (younger) brother ti frè
little (younger) sister ti sè
live rete, viv (v)
liver fwa
living vivan
living room salon, lasal
lizard mabouya
load chay, chajman, mete (v)
loaded chaje
loaf pen, kalewès (v)
lobster woma
lock seri, lòk (v), bloke (v), fèmen a kle (v)
lock someone out fèmen deyò
locked fèmen
loft galata
lollipop piwili
long long, lontan
long ago gen lontan
look gade
look after okipe
look for chache
look like sanble
look out on bay sou
look over voye je sou
looking for trouble sou goumen
loose lache, lage
loose oneself pèdi tèt ou
loosen lage, desere
lord senyè
Lord's Prayer Nòtrepè
lose pèdi
lose one's cool pèdi sanfwa

lose one's mind pèdi tèt
loss pèt
lossen lage
lost pèdi
lotion krèm, losyon
lots anpil, yon pakèt
lottery lotri
loud fò, gwo bri
loudspeaker opalè
louse pou, pou karang, karang
love lanmou, amou, renmen (v)
lover amourèz (female), amoure (male)
low ba
lower pi ba, bese (v), desann (v)
loyal fidèl
lubricate grese
luck chans
lucky gen chans
luggage malèt, efè
lukewarm kèd
lull kalmi
lump boul, moso
lumpy gen boul
lunge at plonje sou
lungs poumon
lush kaka kleren
macaroni makawoni
machete manchèt
machine machin, aparèy
machine gun mitrayèz
mackerel makwo
madness foli, bagay moun fou
magnet leman
magnificent mayifik, bèl anpil
magnifying glass loup
mahogany kajou

maid bòn
mail lapòs, poste (v)
mailman faktè
major majò
majority pifò
make fè, mak (brand)
make a deal fè afè
make a face fè grimas
make a habit of pran pou abitid
make a joke on fè blag
make a stupid mistake betize
make an effort fè yon efò
make an example of trase yon egzanp
make do degaje
make faces fè grimas
make friends fè zanmi
make love fè lanmou, fè bagay
make up rebyen
malaria malarya, palidis
male mal, gason
mama manman
mamey zabriko
man nonm, nèg, moun
man of one's word moun ki gen pawòl
manager direktè
mane krinyè
mango mango
maniac moun fou
manioc manyòk
manner fason, jan
manure fimye
many anpil, bann, pakèt
map kat
marble mab
marbles mab
March mas

mare jiman, manman chwal
margarine magarin
marinate tranpe
marine maren
mark mak, make (v)
mark down retire pwen sou
mark off trase
mark up monte
market mache
marriage maryaj
married marye
marrow mwèl
marry marye
marvelous mèveye
mash bat, kraze
mashed potatoes pòmdetè pire
mask mas
mason mason
mass mès, lamès
massage masay
mast ma
master mèt
mat nat, atèmiyo
match alimèt, match (sport), koresponn (v)
matchstick bwa alimèt
maternity ward matènite
mattress matla
mature rèk
May me
may mèt (v)
maybe pètèt, gen dwa
mayonnaise mayonèz
mayor majistra
me mwen
meal repa, manje, farin
mean mechan, siyifye (v), vle di (v)
meaning sans
means mwayen

meanwhile an atandan, alatandan
measles lawoujòl
measure mezi, mezire (v)
measurement mezi
meat vyann
meatball boulèt
mechanic mekanisyen
medal meday
medallion meday
meddle antre nan afè moun
medicine remèd, medikaman, la medsin
meet fè konnesans, fè reyinyon, kontre, rankontre
meeting reyinyon
melon melon
melt fonn
member manm
membrane manbran
memory memwa
mend repare
meningitis menenjit
menopause menopòz
menstruation, period règ
mental nan tèt
merchandise machandiz
merchant/vendor machann
mercy mizerikod, ge
mermaid sirèn
message mesaj, nouvèl, konmisyon
messy sal
metal metal
meter mèt
microphone mikwo
middle mitan, milye
middle-aged andezay
midnight minui
midwife fanmsay
might ta ka, kapab, gen dwa

migraine migrèn, tèt fè mal
mild-mannered dou
mildewed kanni
milk lèt, tire (v)
mill moulen
millet pitimi
million milyon
mimic chare
mind lespri
mine pa mwen
mineral water dlo mineral
miniskirt minijip
minister minis
mint mant
minute minit
miracle mirak
mirror glas, miwa
misbehave fè dezòd
miscarriage foskouch
misdirect someone pran tèt yon moun
miserable mizerab
misery mizè
misfortune malè, devenn
miss chonje, manke (v)
miss out pèdi
missionary misyonnè
mist farinay
mistake fot, erè
mistake someone for pran pou
mister mesye
mistress fanm deyò
misunder-standing malkonprann
misunderstand konprann mal
mix melanje
mix up mele, konfonn
mixing bowl bòl
mixture melanj

moan plenn
mock chare
model modèl, bay fom (v)
modern modèn, a la mòd, nouvo
moisten mouye, mikte
molar dan dèyè
molasses melas
mold moul
moldy kanni
moment moman
Monday lendi
money kòb, lajan
mongoose woulong
monitor ekran
monkey makak
monkey wrench kle anglèz
month mwa
moon lalin
mop mòp
moral moral
moral of the story jis leson
more plis, pi
morgue mòg
morning maten
mortar pilon, mòtye (weapon)
mortgage ipotèk, ipoteke (v)
mortuary mòg
mosquito marengwen, mayengwen
mosquito net moustikè
most pi
most of pifò nan
mother manman
mother-in-law bèlmè
motion mouvman
motionless san mouvman
motivate ankouraje
motor motè
motorcycle motosiklèt
mound pil

mountain mòn
mountain side koulin
mourning dèy
mouse sourit
mouth bouch, djòl
mouthful bouche
mouthwash dezenfektan pou bouch
move chanje plas, bouje deplase (v), bote (v)
movement mouvman
movie fim, sinema
Mr. misye
Mrs. madan
much anpil, bann, si tèlman
mucus larim
mud labou
mud puddle ma dlo
muffin pomkèt
muffler mòflè
mulatto milat, milatrès
mule milèt
mullet mile
multiplication miltiplikasyon
multiply miltipliye, peple
mumble mamonnen
mumps malmouton
murder asasinen
muscle misk, chè
muscular miskle, manbre
museum mize
mushroom djondjon, chanpiyon
music mizik
musician mizisyen
must dwe, fòk, fò
mustache bigot, moustach
mustard moutad
musty kanni
mute bèbè
mutton mouton**

muzzle mizo
my mwenmenm
myself mwen
mystery mistè
nail klou, kloure (v)
naked toutouni
name non, prenon, bay
non (v), site (v)
nap kabicha
napkin sèvyèt
narrow etwat, jis, jennen
narrow-minded bòne, lespri
bòne
nation nasyon
natural nòmal
nature nati
nausea gen vomisman
navel lonbrit
navy maren, ble maren
near pre
nearby tou pre
nearly prèske
neat pwòp
necessary nesesè
necessity nesesite
neck kou
necklace kolye
necktie kravat
need bezwen
needle zegwi
negative negatif
neglect neglije (v)
neighbor vwazen
neighborhood katye,
vwazinay
nephew neve
nerve nè
nervous ajite, enève
nervousness ajitasyon,
enèvyman
nest nich

net filè, privye
neurologist doktè niwoloji
never janmen, pa janm
nevertheless sepandan
new nèf, lòt, nouvo
New Year's Day joudlan
newborn nouvone, fèk fèt
news nouvèl
newspaper jounal
next pwochen
next to , akotekole ak
nickname non jwèt, ti non
niece nyès
night nwit
nightgown wòbdenwi
nightingale wosiyòl
nightly chak swa
nightmare move rèv
nights denui, le swa
nighttime lannuit
nine nèf
nine o'clock nevè
nineteen disnèf
nineth nevyèm
ninety katrevendis
ninety eight katrevendizuit
ninety five katrevenkenz
ninety four katrevenkatòz
ninety nine katrevendisnèf
ninety one katrevenonz
ninety seven katrevendisèt
ninety six katrevensèz
ninety three katreventrèz
ninety two katrevendouz
nipple pwent tete, tetin
no non
no longer pa ankò
no one pèsòn
nod souke
noise bri, son
non-stop san rete

none ditou, nanpwen
nonsense radòt, tenten, rans
noodle makawoni
noon midi
normal nòmal
north nò
northern nò
nose nen
nosebleed nen senyen
nostril twou nen, narin
nosy fouyapòt
not pa
not functioning pàn
not yet poko
notary public notè
notch antay
note nòt, biye
notebook kaye
notebook computer laptòp
nothing anyen, pa anyen
notice avi, preyavi,
remake (v), wè (v)
nourishing nourisan
November novanm
nude ni, touni, toutouni
nuisance anmègdan
numb mouri (manm), angoudi
number nimewo, chif
nun mè, mabònmè
nurse enfimyè, mis
nursery pepinyè
nut ekwou, nwa (fruit)
nutmeg miskad
nutritious fòtifyan
nylon nayilonn
oar goudi, ranm, zaviwon
oath sèman
oatmeal avwan
oatmeal, cooked avwan,
labouyi avwan
oats avwan

obey obeyi
object bagay, pwoteste (v)
obligation devwa
observe remake, wè
obstetrician doktè fanm
obstruction angòje, bouche
occasion fwa, okazyon
occupation okipasyon, metye
occur rive, vin pase
occur to pase nan tèt, vin
nan tèt yon moun
ocean lanmè
October oktòb
octopus chatwouy
odd dwòl
odor odè, sant
offer òf, ofri (v)
office biwo
officer ofisye
offload debake
offspring pitit
often souvan
oil lwil
oil lamp lanp
ointment pomad
okra kalalou, gonbo
old ansyen, vye
old maid vyèy fi
old person grandèt
older/oldest pi gran
olive zoliv
olive oil lwildoliv
omit neglije
on sou, a
on all fours a kat pat
on foot a pye
on the dot jis, won
on the same level a nivo
once yon sèl fwa, yon fwa,
depi
once upon a time yon fwa

one youn, yon, en, yon moun
one after another youn apre lòt
one and a half cups tas edmi
one and a quarter cup tas eka
one o'clock inè
one only yon sèl
one's heart goes out to kè ou fè ou mal pou
one's place wòl
onion zonyon
only sèlman, sèl
only just fenk
onto sou
open louvri, ouvè, debouche
open up to ouvè lestonmak
opening ouvèti, plas
operate on fè operasyon, opere sou
operation operasyon
opinion lide
opportunity chans, okazyon
opposed pa dakò
opposite vizavi, an fas, kontrè
optician optisyen
optometrist doktè je
or ou, oubyen, ni
orange zoranj, jòn abriko (color)
orange soda kola zoranj
orchestra òkès
order kòmann, lòd, bay lod (v), fè kòmann (v), kòmande (v), pase lòd (v), bay fè (v)
ordinary òdinè
oregano oregano
organ òg (instrument), ògan, pati

orphan òfelen
orthopedist òtopedis, doktè zo
other lòt
other day (the) lòtrejou
others lezòt
otherwise sinon, san sa
ought dwe, te dwe, ta dwe
our(s) nou
ourselves noumenm
oust mete deyò
out deyò, pa mache
out loud pou tout moun tande
out of nan
out of bounds deyò
out of order an pàn
out of the blue sanzatann
outfit teni
outlet debouche, priz
outright kareman
outside deyò
outwards sou deyò
ovary ovè
oven fou
over there laba a
overcast mare
overdose twòp remèd
overdue anreta
overflow debòde
overhead anlè
overloaded chaje depase
overnight pase nwit
overturn chavire
overweight twò gra
ovulation ovilasyon
owe dwe
own genyen (v), posede (v), pa mwen (pa ou, pa yo)
owner mèt
oxygen oksijèn
oyster zwit

p.m. apremidi 12-6, diswa 7-12

pacifier sousèt

package pake

packed plen, chaje

pad tanpon

paddle pagay, pagaye (v)

padlock kadna

page paj

pail bokit

pain doulè

painful fè mal

painkiller kalman, remèd pou doulè

painless san penn, san doulè

paint penti, penn (v), pentire (v)

paintbrush penso

painter bòs pent, pent

painting tablo

pair pè

pajamas pijama

pal bon zanmi

palace palè

pale pal, blenm

palm pla men, palmis (tree)

palm heart chou palmis

palpitate bat

palpitation palpitasyon, batman

pan kastwòl

pancake krèp

pancreas pankre

panic panic, panike (v)

pant leg janm pantalon

panties kilòt

pantry gad manje

pants pantalon, kanson

papaya papay

paper papye

paper bag sache, chache papye

paperclip klips, twonbòn

parable parabòl

paradise paradi

paralyze paralize

parasite parazit

parasol parasòl

pardon padon, gras, fè gras (v), padonnen (v)

parent paran

parish pawas

park plas, pakin (vehicle)

parrot jako

parsley pèsi

parsonage presbitè

part pyès, pati, pa, moso

particular espesyal

particularly sitou

partner asosye

party fèt, fete (v)

pass pase (v), lesepase (v)

pass out (faint) endispoze, fè endispozisyon

passenger pasaje

passion fruit grenadya, grenadin

passport paspò

paste pat

pastor pastè

pasture patiray

patch pyès, pyese (v)

path chemen, wout, ti chemen

pathology patoloji

patient malad, pasyan

patriot patriyot

pattern modèl, patwon

pave alfate

pavement alfat, beton

paw pat

pawn plane
pawnshop mezondafè, plàn
pay peye (v), salè
pay back remèt
pay off fin peye
payment peyman
payroll pewòl
pea pwa frans, pwa
peace lapè
peaceful trankil, kal
peach pèch
peanut pistach
peanut butter manba, manba pike (spicy)
pearl pèl
peasant peyizan, abitan
peck beke
pedal pedal, pedale (v)
pediatrician pedyat, doktè timoun
pee (urinate) fè pipi, irinen, pise
peel po, kale (v), dekale (v)
pelican grangòzye
pelt kalonnen, po bèt
pen plim, pak
penalty amann, fot
pencil kreyon
penicillin penisilin
penis gigit, kòk, pati gason
pension pansyon
people pèp, moun
pepper (black) pwav
pepper (hot) piman pike
peppermint mant
Pepsi cola pepsi
percent pousan
perfect bon nèt
perfume pafen
perhaps pètèt
period sezon, epòk

permanent pèmanant, pou tout tan
permanently nèt, nèt ale
permission pèmisyon
person moun
personal prive
personality tanperaman
perspiration swe
pest pès
pestle manch pilon
pestle (mortar) manch pilon
pet karese, bèt ki gade nan kay
pew ban
pharmacist famasyen
pharmacy fanmasi
phlegm flenm, glè
phobia lapè, laperèz
phonograph record plak
photograph foto, pòtre, fè potre (v)
phrase fraz
pianist pyanis
piano pyano
pick pikwa, pik, pike (v), keyi (v)
pick a fight chache kont
pickax pikwa
pickle kònichon
pickles (hot) pikliz
pickpocket vòlè bous
pickup truck kamyonnèt
picture foto, imaj
pie tat
piece bout, ti moso, pyon (game), moso
pier waf
pig kochon, pouso
pigeon pijon
piggy bank bwat sekrè
pile pil, lo, anpile (v), fè pil

pill grenn
pillow zorye, oreye
pillowcase sak zorye, tèt zorye
pimento piman dous
pimple bouton
pin epeng, zepeng, tache (v)
pin on mete sou, lage sou
pinch penchen (v), pichkannen(v), ti kras
pineapple anana, zannanna
pink woz
pint demi ka, demi lit
pipe tiyo, fè tiyo, pip (tobacco)
piss pipi, pise
piston piston
pit noyo (seed), twou nan tè
pitcher po
pity pitye, domaj (unfortunatly)
pizza pitza
place plas, kote, mete (v)
place setting kouvè
placenta manman vant
plain òdinè, plèn, la plèn
plan fè pwogram (v), planifye (v), plan
plane rabo (tool), avyon
plank planch
plant izin, faktori, pye, plant, plante (v)
plantain bannann
plantain chips papita
plantain slices fried bannann peze
plaque plak
plaster plastè (medical), krepi (v)
plastic plastik
plastic surgery chiriji estetik

plate asyèt
plateau platon
platter plato
play pyès, jwe (v)
play hooky fè woul
player jwè
please fè plezi (v), tanpri, souple,
pleasure plezi
pleat pli
pleated plise
pliers pens
plot fè konplo (v), konplo, teren
plow chari, raboure (v)
pluck plimen
plug plòg, bouche (v)
plug in konnekte, ploge
plumb line filaplon
pneumonia nemoni
pocket pòch
pocketknife kanif
pod gous
podiatrist doktè pye
point lonje (v), pwent
point out montre
pointed pwenti
poison pwazon, bay pwazon (v)
poker pokè
pole poto, gòl
police lapolis
police station pòs polis
policeman polis, jandam
polio polyo
polish poli
polite poli, byennelve
politics politik
polyester polyestè
ponder grate tèt
pool basen

poor pòv
poor soul podjab
pop pete, kola
popcorn mayi pèt pèt, pòpkòn
pope pap
popular popilè
populate peple
porch galeri
pork kochon, vyann kochon
porridge labouyi
position plas, mete nan plas (v)
positive sèten, si, pozitif (result)
possible posib
post poto, afiche (v), depoze (letter) (v), pòs
post office lapòs
poster afich
postman faktè
postpone ranvwaye, kite pou demen
posture posti, kanpe
pot chodiè, chodyè, kastwòl
potato pòmdetè
poultry volay
pound liv, pile (v)
pour vide, vèse (v)
pout boude
poverty mizè, malsite
powder poud
powdered an poud
powdered milk lèt an poud
powdered sugar sik a glase, sik an poud
power pouvwa, dwa
powerful fò, pisan
practical pratik
practice antrene (v), egzèse (v), egzèsis

praise konplimante (v), fè konpliman (v), lwanj, kopliman
pray lapriyè, priye
prayer priyè
pre-dawn vanjou
preach preche, fè yon prèch
precious presye
precise egza
predicament (to be in) anbarase
prefer pito
pregnancy gwosès
pregnant ansent
prejudice prejije
premature avan lè, prematire
premenstrual anvan règ
prenatal avan nesans
preparation preparasyon
prepare pare (v), fè preparasyon, prepare
presbytery presbitè
prescribe preskri
prescription preskripsyon
present kado, prezan, prezante (v)
preserve konsève
preserves konfiti
president prezidan
press peze
press (printing) près
pressure presyon
pretend fè konmsi, fè sanblan, fè tankou
pretentious pretansye
prevent anpeche
preventable evitab
price pri, machande (v)
prick pike
pride ogèy
priest pè, monpè
primary school primè

prime amòse (v), premye
principal direktè
print enprime
printer enprimant
prison prizon
prisoner prizonnye
private prive
privately an prive, a pa
prize prim, pri
probable pwobab
probably siman
problem pwoblèm
procedure pwosede
procession pwosesyon
produce bay (v), fè (v), donen (v)
produce (fruit, vegetables) fwi, legim
produce offspring fè pitit
profanity betiz, salte
profession metye
professor pwofesè
profit benefis
program pwogram
program (computer) lojisyèl
progress pwogrè
prolong pwolonje, lonje
promise pwomès, angajman, pwomèt (v)
promotion pwomosyon
prompt a lè
promptly tou swit
prong dan
pronounce pwononse
proof prèv
prop kore (v)
propane gas gaz, gaz pwopan
propeller elis
proper korèk
property pwopriete

propose pwopoze
prostate glann pwostat
protect pwoteje
protection pwoteksyon
protest pwoteste
protestant levanjil, pwotestan
proud fyè, angran
prove bay prèv, pwouve
proverb pwovèb
provide bay
prudent pridan
prune debranche (v), imonde (v)
psalm sòm
psychiatric sikyatrik
psychiatrist sikyat
public piblik
publish pibliye
puddle ma dlo
pull rale
pull a tooth rache dan
pull ahead of pase devan
pull strings fè demach
pulley palan, pouli
pulmonary pilmonè, nan poumon
pulpit chè
pulse poul, batmankè
pumello chadèk
pump ponp, ponpe (v)
pumpkin joumou
punch ponch, bay kout pwen (v)
punctual a lè
puncture kreve
punish pini, korije, regle
punishment pinisyon
pupil elèv
puppet panten
puppy ti chen
purchase achte

puree pire (v)
purify pirifye, dezenfekte
purple mov, vyolèt
purpose rezon, bi
purse bous
pursue dèyè, kouri dèyè, fè demach
pus pi
push pouse (v)
put mete
put away nan plas
put one's mind to met tèt ou sou
put oneself out deranje ou
put to sleep andòmi
quail kay, pèdri
quality kalite
quantity kantite
quarantine karantèn
quarrel kont
quarter ka
quarter cup ka tas
quarter past eka
quarter till mwenka
quay waf
queen rèn, dam (cards)
question kesyon, kesyonen (v)
quickly vit, byen vit
quiet silans, pe (v), trankil
quit sispann
rabbit lapen
rabid anraje
rabies raj, laraj
race kous (contest), ras (breed), fè yon kous (v)
radiation reyonnman
radiator radyatè
radio radyo
radio station pòs radyo

radiograph (v) radyografye, fè radyografi
radish radi
raffle raf, rafle (v)
rafter chevwon
ragged chire
rags etòf, ranyon
rail bawo, ray
railroad station ga
rain lapli, fè lapli (v)
rainbow lakansyèl
raincoat padsi
raindrop gout lapli, grenn lapli
rainy season sezon lapli
raise leve, ogmantasyon, elve (v)
raisin rezen sèk
rake rato, pase rato (v)
rancid rans
rank grad
rape kadejak, fè kadejak sou (v), vyòl, vyole (v)
rapidly vit
rare ra
rarely raman
rash, heat rash gratèl, chofi
raspberry franbwaz
rat rat
ravine ravin
raw kri
raw sugar rapadou
ray reyon
razor razwa
razor blade jilèt
reach lonje (v), rive
reaction reyaksyon
read li
ready pare
real vre, reèl
realize rann kont

really toutbon
rear dèyè, leve (v)
rear-view mirror retwovizè
rearrange ranje yon lòt jan, vire
reason rezon
reassure rasire
receipt fich, resi
receive resevwa
receptacle reseptak
reception resepsyon
recess rekreyasyon
recite resite
recline kouche
recognize rekonnèt
recommend rekòmande
record make (v), note (v), ekri (v), plak
records (file) dosye, dokiman
recover refè
recovery gerizon
rectum rektòm, twou dèyè
red wouj
reddened wouji
redo refè
reduce diminye, redwi
reed wozo
reef resif
referee abit
refill (v) replen
reflect reflechi, sonje
reflex reflèks
refresh rafrechi
refrigerator frijidè
refugee sinistre
refund remèt
refusal refi
refuse refize
regard konsidere (v)
region zòn

register enskri (v), anrejistre (v), rejis
registered mail rekòmande
regret regrèt
regular regilye
regularly souvan
rehearsal repetisyon
rehearse fè repetisyon
rein brid
rejoice rejwi
relapse shite, tonbe malad ankò
related fanmi
relationship relasyon
relative fanmi
relax distrè
release (from hospital) bay egzeyat
relief soulajman, asistans sosyal
relieve kalme, soulaje
religion relijyon
relish (cabbage, hot) pikliz
remain rete
remainder rès
remark remake (v), remak
remarry remarye
remedy remèd
remember sonje
remind sonje, fè sonje
remnant koupon
remove wete, wetire
rename bay yon lòt non
render rann
rent lwaye, lwe (v)
repair ranje, reparasyon, repare (v)
repay remèt
repeat repete
repel fè ale
repent repanti

replace ranplase
reply repons, reponn (v)
report rapò, fè rapo (v)
report card kanè (lekòl)
represent reprezante
reprimand repwoche
reproach repwòch
republic repiblik
repudiate demanti
reputatyon repitasyon
request mande (v), demann
require ekzije, mande
reschedule voye
rescue sove
resemble sanble
reservation rezèvasyon
reserve rezève
resign bay demisyon
resignation demisyon
resist reziste
resolve rezoud, regle
respect respè, respekte (v)
respiration respirasyon, souf
respond reponn
responsible responsab
rest (relax) repo, poze (v),
repoze (v), fè yon poze (v)
rest (remainder) rès
restaurant restoran
restroom watè
result rezilta
retire with income bay
pansyon
retired retrete
return rannman, retou,
tounen (v), remèt (v),
retounen (v)
revenge revanj
reverse lanvè (fabric), bak, fè
bak (vehicle)

review kontwole, repase,
parad (military)
reward rekonpans,
rekonpanse (v)
rheumatism rimatis
rhythm kadans
rib kòt
ribbon riban, ne
rice diri
rice diri
rice and bean sauce diri ak
sòs pwa
rice and beans diri kole ak
pwa
rice, black mushroom diri
djondjon
rich rich
rickets rachitis
ride monte (v) woulib
(hitchhike)
rider kavalye
rifle fizi
rig mare (kòd)
right dwat, a dwat, gen rezon
right next to kole kole
right-handed dwatye
rigid rijid, rèd
rim jant
ring wonn, bag, sonnen (v)
ringworm lateng
rinse rense
ripe mi
risk chans, ris, riske (v)
rival konkiran
river larivyè, rivyè
roach ravèt
road wout
roast boukannen, fè woti,
woti
rob vòlè
robbery vòlè

robe, bathrobe wòbdeben
rock wòch, baskile (v), balanse (v)
rocking chair dodin
rocky gen wòch, chaje wòch
role wòl, biswit, woulo woule (v),
roll biskwit, ti pen won
roll over vire sou lòt bò
roll up monte, vlope
roof do kay, tèt kay, twati
room chanm, sal, pyès
roost jouk
rooster kòk
root rasin, fè rasin (v)
rope kòd
rosary chaple
rose woz
rot pouriti, pouri (v)
rough brital, brit, bosal
round won
round-trip ale retou
routine woutin
row ranje, ran, rame (v), pagaye (v)
rowboat kannòt
royal wayal
rub fwote
rubber kawoutchou
rubber band elastik
rudder gouvènay, ba
rude maledve, bourik, gwosye
rug tapi
ruin rin, gate (v)
rule gouvènen (v), regleman
ruler règ, chèf
rum wonm
rum punch wonmponch
run kouri, fè dlo, mache (equipment)

run into kwaze ak
run over pase sou
rung bawo
rural an deyò
rush prese
rust wouy, wouye (v)
rusty wouye
sack sak
sacred sakre
sacrifice sakrifis
sad tris
saddle sèl, sele (v)
saddlecloth chabrak
safe kòfrefò, sove
safely byen, san malè
safety site
safety pin zepeng kouchèt
sage souj
sail vwal
sailboat vwalye
sailor matlo
saint sent, sen
salad salad
salami salami
salary apwentman, sale
sale lavant
saliva krache, saliv
salmon somon
salt sèl
salt sèl
salt marsh salin
salute salye
salve ponmad
same menm
sample echantiyon
sanatorium sanatoryòm
sand sab, sable (v)
sandal sapat, sandal
sandpaper papye sable, fèy sable
sandwich sandwich

sane sèn, gen bon tèt
sanitary napkin kotèks
Santa Claus Tonton Nwèl
sapodilla sapoti
sardine sadin
Satan satan
satin saten
satisfied satisfè
satisfy satisfè
Saturday samdi
sauce sòs
saucepan chodiè, chodyè, kastwòl
saucer soukoup
sausage sosis
save sere, sove, sofgade (data)
savings depany
savings bank kès depany
saw si, goyin, siye (v)
saxophone saksofòn
say di
saying pwovèb
scab kwout
scabies gal
scald chode
scale kal (fish), grate (v), balans
scalp kwi tèt
scar mak
scarce ra
scare fè pè
scarf foula
scatter gaye, grennen, simaye, simen
scene sèn
scholarship bous
school lekòl
schoolchildren elèv, timoun lekòl
schoolmate kondisip

science syans
scissors sizo
scold blanmen, joure, repwoche
scorpion eskòpyon, skopyon
scour foubi
scrap iron feray
scrape graje, grate (v)
scraps retay, rèskiyè
scratch grate, grifonnen, grate (v)
scratch your head grate tèt
scrawl grifonnen
scream rèl, rele (v), kriye (v)
screen paravan, twil, ekran (projection)
screw vis, vise (v)
screwdriver tounvis
scribble grifonyen
scrotum sak grenn
scrub foubi
sea lanmè
sea lice lagratèl
sea salt gwo sèl
sea turtle karèt
sea urchin chadwon
seafood fwidmè
seahorse chwal lanmè
seal so, kachte (v)
seamstress koutiryèz, koutriyèz
search fouye (v), chache (v)
search warrant kat blanch, manda
seashore bò lanmè
season sezon
seasoning epis
seat dèyè
second dezyèm
second-hand dezyèm men
secret sekrè

secretary sekretè
security sekirite
sediment ma
see wè
see in wè nan
seed grenn
seedling plan, ti plan
seem sanble
seine sèn, sènen (v)
seize sezi, pran
seizure kriz
seldom raman
select chwazi
self-control sanfwa
selfish akrèk, egoyis
sell vann
seminary seminè
senator senatè
send voye
senile annanfans
sense sans, santi (v)
sensitive sansib
sentence kondane (v), santans (judgement), fraz
sentry santinèl
separate separe
September septanm
sergeant sèjan
serious grav, serye
seriously seryezman
sermon prèch
serpent sèpan
serve sèvi
set mete, pare
set free lage
set on fire met dife
set the table mete kouvè
settle regle, rezoud (v)
settled etabli
settlement regleman, abitasyon

seven sèt
seven o'clock sètè
seventeen disèt
seventh setyèm
seventy swasant dis
seventy eight swasanndizuit
seventy five swasannkenz
seventy four swasannkatòz
seventy nine swasanndisnèf
seventy one swasanteonz
seventy seven swasanndisèt
seventy six swasannsèz
seventy three swasanntrèz
seventy two swasanndouz
several plizyè
severe sevè, grav (illness)
severely grav
severety severite
sew koud
sewer rego, fòs
sewing kouti
sewing kouti
sewing machine machin a koud
sewing machine machin a koud
sex (have sex) fè baygay, kouche
sex m/f sèks
shack kounouk
shaddock (citrus) chadèk
shade lonbray
shadow lonbray
shake souke
shallot echalòt
shallow pa fon, plat
shame wont
shampoo chanpou
shape fòm
share separe (v), pataje (v), pati, pa

share of stock aksyon
shark reken
sharp file
sharpen file
sharpener tay
shave fè bab, grate plim bab
shave off wetire, grate
shaving cream krèm bab
shawl manto
she li (fi)
shed koujin, hanga
shed light on eklèsi, bay limyè sou
sheep mouton
sheet dra, fèy
sheet metal tòl
shelf etajè
shell koki, po, kal, kale (v)
sherbet sòbè
shield pwoteje (v)
shift moumou
shin zo jamn
shine klere
shiny briyan
ship batiman, bato
shipment chajman
shipwreck nofraj
shirt chemiz
shirttail ke chemiz
shit kaka, poupou
shiver tranble
shock sezisman
shock absorber chòk
shoe soulye
shoe polish plakbòl
shoe(s) soulye
shoehorn kòn, kòn soulye
shoelace lasèt
shoemaker kòdonye
shoeshine boy chany

shoot fiziye (v), tire (v), choute, boujon
shop magazen, boutik
shopkeeper mèt boutik
short kout
short cut chemen dekoupe
shortage manke, rate
shortcoming defo
shortening mantèg
shortly talè
shorts chòt, pantalon kout
shot piki (injection), kout bal (firearm), chout (ball)
should te dwe
shoulder zèpòl
shout rèl, rele (v)
shove bourad, pouse
shovel pèl
show montre (v), fè wè (v), espozisyon, pwogram
shower douch
shower stall basen, basen douch
shrimp chèvrèt, ekrevis
shudder tresayi
shuffle bat kat, trennen pye (v)
shut fèmen
sick malad
sickle sèpèt, kouto digo
sickness maladi
side kote, bò
side by side kòtakòt
sideburns pafouten
sidewalk twotwa, pewon
sigh soupi
sign ansèy, siy, pankad, siyen (v)
signal siyal, siy
signature siyati
silence silans

silk swa
silver ajan, ajante
silverware ajantri
simple senp
sin peche, fè peche (v)
since piske, kòm, depi
sincere sensè
sing chante
singer chantè
single yon sèl
single file youn apre lòt, youn dèyè lòt
sink lavabo (bathroom), evye (kitchen)
sink (v) fonse (in the earth), koule (in liquid)
sink strainer krepin
sinus sinis
sip ti gòje
siren sirèn
sisal pit
sissy sese
sister sè
sister-in-law bèlsè
sit chita
situatyon sitiasyon
six sis
six o'clock sizè
sixteen sèz
sixth sizyèm
sixty swasant
sixty eight swasantuit
sixty five swasannsenk
sixty four swasannkat
sixty nine swasantnèf
sixty one swasanteyen
sixty seven swasannsèt
sixty six swasannsis
sixty three swasanntwa
sixty two swasannde
size gwosè, grandè, tay

skeleton eskèlèt
skid patinen
skin po, kòche (v)
skinny mèg
skip sote
skirt jip
skull zo tèt
sky syèl
sky-high sèt otè
slack lach
slaked lime lacho
slander jouman, kout lang
slap kalòt, souflèt
slate adwaz
slaughterhouse labatwa
slave esklav
sledge hammer mas
sleep somèy, dòmi, dòmi (v)
sleep with kouche ak
sleeping nan dòmi
sleepy gen dòmi nan je
sleeve manch
slice moso, tranch
slide glise
slight meprize (ignore), ti tay
slime limon
slingshot fistibal
slip jipon, glise (v)
slipper(s) pantouf
slippery glise
slobber bave
slope pant, koulin
slow lan, lant
slow down ralanti
slowly dousman
slur manje mo
slut jenès, bouzen
sly koken, entelijan
smack bat bouch
small piti
small boy ti gason**

small intestine ti trip
small of character ti tèt
smallpox vèrèt
smell santi, sant, pran
sant (v)
smelly santi, santi fò
smile souri, souri (v)
smock moumou, blouz
smoke lafimen, fimen (v)
smooth lis, dous, egal
smother toufe
snack soloba
snake koulèv, sèpan
snapper (fish) sad
snatch rape
snazzy bwòdè
sneeze estènen
snip taye
snore wonfle
snot larim
snow lanèj
snowcone fresko
so tèlman, si, konsa
so much tèlman
so-and-so lapèsòn, entèl
soak tranpe
soak up bwè
soaked tranp, mouye tranp
soaking wet mouye tranp
soap savon
sober up desoule
soccer foutbòl
society sosyete
sock(s) chosèt
soda pop kola
sofa divan, kanape
soft mou
soften vin mou
soil tè, sal (v)
solder soude
soldier solda

sole semèl, pla pye
sole (fish) sòl
solemn solanèl
solid solid
solve reve
some kèk, de
some more ankò
someone yon moun
something yon bagay
sometimes pafwa, de fwa
somewhat yon ti jan
son gason, pitit gason
son-in-law bofis
song chan, chante
soon talè, byento
sorbet sòbè
sore blesi, maleng, fè mal
sore throat malgòj
sorrow lapenn
soul nanm
sound bri, son, solid
soup soup
sour si
sour orange * zoranj si
soursop kowosòl
south sid
sow fenmèl kochon, manman
kochon, simen (v)
space plas, espas
spaghetti espageti
Spanish panyòl, espanyòl
spank kale, fwete
spanking swèl, kal
spare tire derechanj
spark etensèl
spark plug bouji
sparkler piletwal
speak pale
spear frenn, frennen (v)
spearmint tibonm
special espesyal

speech diskou, pawòl
speed vitès
spell eple
spend depanse
sperm dechay, jèm
spice epis
spicy hot pike
spider arenyen, zarenyen
spider web fil arenyen
spigot wobinè
spill vide, fè tonbe (v),
jete (v), vire (v), file (yarn) (v)
spin file (yarn) (v)
spinach zepina
spine rèl do
spirit lespri, lwa
spirits moral
spit krache
spit up rann, vomi
spite rankin
spleen larat
splendid mayifik
splinter klis bwa
split fann
spoil gate
spoke reyon
sponge eponj
spool bobin
spoon kiyè
spoonful kiyè
spot tach
spotted takte
sprain antòs
sprain foule
sprawled blayi
spray flite
spread repann, laji, gaye (v)
Spring prentan
spring sous, resò, plonje (v)
spring a leak fè vwadlo,
koule

sprinkle simen, farinen,
wouze
sprout boujon, jèm,
jèmen (v), leve (v),
boujonnen (v)
spry enganm
spur zepon
spy veye (v), espyon
square kare
squarely fiks
squash eskwash, koujèt
squat akoupi
squeak kriye
squeeze prije, pire, peze,
tòde
squid chatwouy
stab pike (v), bay kout kouto
stable solid, ekiri (for
animals)
stadium estad
stain tach, tache (v)
stairs eskalye
stale rasi
stall pak, kale (v), mouri (v)
stallion etalon
stallion colt poulen
stamina rezistans, fyèl
stammer bege
stamp tenm, mete so (v),
stand kanpe, mete kanpe
standing sou de pye
standstill kanpe
stapler klipsè
star zetwal
star anise anietwale
starch lanmidon ,
anmidonnen(v) midonnen (v)
stare fikse (v), gade (v)
starfish etwal
start moving derape
start out pati

start over rekòmanse
start up (an engine) demare
starter (engine) estatè
startle fè sote
starve mouri grangou
state eta, leta, deklare (v)
station stasyon
station wagon kamyonnèt
stay rete
steady solid
steak estèk
steal vòlè
steam vapè
steel asye, fè
steel wool paydefè
steep a pik, apik
steer kondwi
steering wheel volan
step pa, mach
step on pile
stepdaughter bèlfi
stepfather bòpè
stepmother bèlmè
stepson bofis
sternum biskèt
stethoscope sonn
stew ragou, bouyon
stick baton, kole (v)
stiff rèd, di
still toujou, alanbik
sting mòde (v)
stingy chich, peng, kras
stink santi (fò)
stir brase
stirrups zetriye
stitch kouti
stock stòk
stocking, hose ba
stomach vant
stomachache vant fè mal
stone wòch, pyè

stool bankèt, tabourè
stop rete, sispann
stop up bouche (v)
stopped up bouche
stopper bouchon
store magazen, boutik,
sere (v), gade (v), konsève (v)
storeroom depo
storm move tan, tanpèt
story istwa (tale), etaj
(building)
straight dwat, drèt
straight ahead tou dwat
straight pin epeng ti tèt
straighten drese
straighten up mete lòd
strain koulè, pase nan paswa
strainer paswa
strange etranj, dwòl
strangle trangle
straw pay
straw mat nat, atèmiyò
strawberry frèz
stream ti rivyè
street lari
strenghten bay fòs
strength fòs
stretch lonje, tire, detire kò,
tire kò
stretcher branka
strike grèv, fè grèv (v), frape
(v), tape (v)
string fil, fisèl, kòd, file (v)
string bean pwa tann
strip lèz, retire rad sou ou
stripe galon, liy, bawo
striped a rèl, a bawo
stripped fware
stroke kout san, bras
strong fò
strove fou

struggle debat (v), lite (v), lit, konba
stubborn rèd, tèt di
stubbornness tèt di
stucco masonn
stuck kole
student elèv
study etidye
stuff boure (v), bagay
stuffing etòf
stumble tribiche
stump chouk
stunned toudi
stunt siprime (v)
stunted rabi
stupid sòt, bourik, bèt, gaga
sturdy solid
stutter bege
sty klou
style mòd, kalite, fason
subject sijè
subscription abònman
subtract retire
succeed mache, gen siksè
success siksè
such tèl
suck souse, tete
sucker piwili (candy), teta (fish)
suckle tete
sudden sibit
suddenly sibitman, briskeman
suds kim
sue fè pose
suffer soufri
suffering soufrans
sufficient sifi
suffocate toufe
suffocation etoufman

sugar sik, sik wouj (raw sugar)
sugar cane kann
sugar, powdered sik a glase, sik an poud
suggest konseye
suit kostim
suit coat vès
suitcase malèt, valiz
summer lete
sun solèy
Sunday dimanch
sunglasses linèt solèy
supermarket makèt
supervisor sipèvizè
supper soupe, manje aswè
supplies pwovizyon
support sipò, soutni (v), okipe (a person) (v), kenbe (v)
suppose sipoze, kwè
sure sèten
surface sifas
surgeon chirijyen
surly tchak
surprise sipriz, sezisman, sezi (v)
surprised sezi
surround viwonnen, sènen (v)
survey apantaj, apante (v), fè apante (v)
surveyor apantè
survive siviv, pase
suspect sispèk, sispekte (v)
suspend rete
suspenders bretèl
suspicious dwòl
swallow gòje, iwondèl (bird), vale (v)
swamp marekay
swap boukantay, twoke (v)

sway balanse (de bò)
swear joure, di betiz, jire, sèmante
swear an oath fè sèman, sèmante
sweat swe
sweep bale
sweet dous
sweet potato patat
sweet(s) dous
sweeten mete sik
sweetheart choupèt, kòkòt
swell anfle (v), gonfle (v)
swelling anflamasyon
swim naje
swim trunks chòtdeben
swimming pool pisin
swimsuit kostimdeben
swing balansin, balanse (v), fè balansin (v)
switch boukante (v), echanje (v), switch
swollen anfle, gonfle
sword epe, nepe
swordfish jòfi
sympathy senpati
syringe sereng
syrup siwo
system sistèm
t-shirt mayo
table tab
tablecoth nap
tablespoon gwo kiyè
tablet grenn
tackle met men
tadpole teta
tail ke, file (v)
tailor tayè
take pran
take a chance pran chans

take advantage of dòmi sou, pwofite
take care fè atansyon, kenbe kò ou, veye zo ou
take communion konminyen
take cover pare
take forever pran yon bann tan
take off derape
take off clothes dezabiye
talent don
talk pale
talk nonsense di radòt
talker kozè
tall wo, gran tay
tallow swif
tamarind tamaren
tame donte
tan tannen (v)
tangerine mandarin
tangled makonnen, mele
tank tank
tank truck kamyon sitèn
tanner tannè
tannery tannri
tap wobinè, tap (v)
tape tep (recording), tepe (v), anrejistre (v)
tape measure santimèt
tape recorder tep
tapeworm vè solitè, solitè
tar goudwon
tarantula arenyen krab, zarenyen krab
taro malanga, tayo
tarpaulin prela
tart (pastry) tat
tassel bab
taste gou, goute (v)
tasteless san gou
tasty gou

tattle rapòte
tax taks
tax collector pèsèptè
taxi taksi, laliy
tea te, tizan (herbal tea)
teach montre, anseye, bay entriksyon
teach someone a lesson bay yon leson
team ekip
tear chire (v), akwo, dlo je
tear off rache, chire (v)
tease anmède, takinen
teaspoon ti kiyè
teat tete
technique teknik
tee shirt mayo
teeth dan
teethe fè dan
telegram telegram
telephone telefòn, telefonnen (v)
television televizyon
tell di, rakonte
temper kolè, move tanperamen
temperament tanperaman
temperature tanperati
tempest tanpèt
temple tanp
tempt tante
ten dis
ten o'clock dizè
tenant lokatè
tender sansib, mou
tenderness tandrès
tennis tenis
tennis shoe tenis
tense rèd
tent tant
tenth dizyèm

tepid tyèd
term tèm, limit
termite poud bwa
terms kondisyon
terrible terib
test egzamen, konpozisyon, eprèv, eseye (v)
testament testaman
testicle grenn
tetanus tetanòs
text tèks, ekriti, tekste (v)
thank di mèsi, remesye
thank you mèsi
thanks remèsiman, mèsi
thanks to gras a
that sa
thatch pay
theater teyat, sinema
theft vòl
their yo
them yo
themselves yomenm
then alò, lè sa
therapy trètman
there la
there is/are genyen, gen
there's nothing to pa gen anyen nan
therefore donk, kidonk, se pou sa
thermometer tèmomèt
thermos bottle tèmòs
these sa yo
they yo
thick epè, pwès
thick with chaje
thief vòlè
thigh kwis
thimble de
thin mens, fen
thing bagay

think panse, kwè, reflechi	**thyme** ten
third twazyèm	**tibia** zo janm
thirst swaf	**tick** karapat
thirsty swaf	**ticket** biye
thirteen trèz	**tickle** chatouyèt
thirty trant	**ticklish** sansib
thirty eight trantuit	**tide** mare
thirty five trannsenk	**tidy** pwòp
thirty four trannkat	**tie** mare (v), kravat, nil
thirty nine trantnèf	(score),
thirty one tranteyen	**tie clasp** arèt kòl
thirty seven trannsèt	**tie, necktie** kravat
thirty six trannsis	**tiger** tig
thirty three tranntwa	**tight** sere
thirty two trannde	**tighten** sere
this sa a	**tightwad** koulout
thorax pwatrin, lestomak	**tile** kawo, mozayik
thorn pikan	**till** jouk, bat tè (v)
thorough nèt, antye	**tilt** panche
those sa yo	**time** lè, fwa, tan
though malgre	**tin** fè blan
thought panse	**tin can** gode, bwat
thousand mil	**tin cup** gode
thread fil, file (v)	**tingling** pikotman
threat mennas	**tinnitus** tande bri nan zòrèy
threaten mennase, fè	**tip** pwent, poubwa, poul
mennas	**tire** kawoutchou
three twa	**tired** bouke, fatige
three o'clock twazè	**tiredness** fatig
threshold papòt	**title** tit
throat gòj, gagann	**to be** egziste
throb bat	**to dry (v)** seche
through pa	**toad** krapo
throw voye	**toast** griye (v), pen griye
throw up rechte, vomi	**tobacco** tabak
thrush chit	**today** jodi a
thumb pous	**toe** zòtèy
thumb drive kle isb	**toenail** zong pye
thunder tonnè, loray	**together** ansanm
Thursday jedi	**toilet** watè, latrin
thus konsa	**toilet paper** papye ijenik

tomato tomat
tomato paste pat tomat
tomb tonm
tomorrow demen
tongue lang
tonic water tonik
tonight aswè a
tonsillitis chè nan gòj
tonsils chè nan gòj
too twò (much), tou (also)
too expensive twò chè
too much twò, twòp
tool zouti
tooth dan
toothache maldan
toothbrush bwòs dan
toothpaste pat, kòlgat
top topi (toy), tèt, anlè nèt
topical remèd po
torch bwadife
torment touman, toumante (v)
torn chire
torrent lavalas
torso bis
toss voye
total total, tout
touch manyen (v), touche (v)
tough di
tourist touris
touth dan
tow truck remòkè
towards bò kote, vè
towel sèvyèt
town lavil, vil
town square plas
toxicity toksisite
toy jwèt
trace dekalke (v), tras
track mak, tras, ti chemen
tractor traktè

trade twoke
traffic jam blokis
trail chemen, wout
trailer trelè
train tren
train (v) montre, antrene, egzèse
traitor trèt, jouda
trance trans
tranquil trankil
tranquilizer kalman, trankilizan
transfer transfere
transfuse bay san
transfusion transfizyon
translate tradwi
transmissible transmisib
transmission transmisyon
transplant repike, pike, transplante
transport pote
trap pèlen, pyèj
trash fatra
trash can poubèl, panye fatra
travel vwayaj, vwayaje (v)
travel agency ajans
traveler vwayajè
tray kabare, bak (vendor)
treasure trezò
treasurer trezorye
treat trete (v), bay swen
treatable ki kapab trete
treatment tretman
tree pye bwa, pyebwa
tree trunk twon
tremble tranble
trembling tranbleman
trial jijman, eprèv
tribe ras
triceps trisèp, misk dèyè ponyèt

trickery riz
trigger gachèt
trimester trimès, chak twa mwa
trip vwayaj
tripe trip, gradoub
triplet marasa twa
trophy koup
trot twote
trouble twoub, traka, twouble (v)
troublemaker bagarè
trowel tiwèl
truck kamyon
true vre, veritab
trump atou
trumpet twonpèt
trunk mal, kòf
trust konfyans, lafwa, fè konfyans (v)
truth laverite, verite
try esèy, eseye (v), jije (court) (v)
try on eseye, mezire
tube tib
tubercular pwatrine
tuberculosis tebe
Tuesday madi
tuft touf
tug redi
tugboat bato remòkè
tumble tonbe, pran so, vire (v)
tuna ton
tune akòde
turkey kodenn
turn vire (v), kou
turn a corner kase koub
turn around virewon
turn back tounen
turn in (documents) depoze

turn off etennfèmen, touye
turn on ouvri, ouvè, louvri, demarre, pase
turn one's back on vire do
turn oneself in rann tèt ou
turn someone's head pran tèt yon moun
turnip nave
turpentine terebantin
turtle tòti
turtle shell karapat tòti, karapat karèt
tweezers pens
twelve douz
twenty ven
twenty eight ventuit
twenty five vennsenk
twenty four vennkat
twenty nine ventnèf
twenty one venteyen
twenty seven vennsèt
twenty six vennsis
twenty three venntwa
twenty two vennde
twice de fwa
twin marasa
twist tòde (v)
twisted tòde, kokobe
two de
two o'clock dezè
type tip, tape (v)
type of person tip
typewriter machin a ekri
typhoid tifoyid
udder manmèl
ugliness grimas
ugly lèd
ulcer ilsè
umbilical cord kòd lonbrit
umbrella parapli, parasòl
unable pa kapab

unaccustomed pa abitye
unbearable ensipòtab
unbound delase
unbutton deboutonnen
uncap ouvri
uncle monnonk, nonk, tonton
unclean pa pwòp
unclothed dezabiye
uncomfortable malalèz
uncommon ra
unconscious endispoze, san konesans
uncontrolled dekontwole
uncooked kri, san kwit
uncork debouche
uncover dekouvri
uncross dekwaze
undecided anbalan
under an ba
underarm anba bra
underbrush raje
undercooked manke kuit
underdeveloped soudevlope, rasi (child)
underfoot anba pye
underground anba tè
underneath anba
undernourished malnouri
underpants kalson, slip
undershirt chemizèt
understand konprann, tande
undertaker antreprenè
undertaking angajman
undertow ral
underwater anba dlo
underweight mèg, pa peze ase
undigested pa dijere
undo defèt
undress dezabiye
uneducated malapri

uneven pa nivo
unfold ouvè
unfortunately malerezman
unhappy tris, pa kontan
unhealthy malsen
uniform inifòm
unite ini, fè yon tèt ansanm
United States Zetazini
unlaced delase
unless sòf, sinon, amwenske
unload dechaje
unlucky an devenn
unplug dekonnekte, deploge
unrest dezòd
unripe wòwòt
unroll dewoule
unruly brigan
unsaddle desele
unscrew devise
unsettled pa regle
unstable pa asire
untamed pa donte
untangle demele
untie delage, demare
until jis, jistan, jouk
untrue pa vre
unwilling pa vle
unwind dewoule
unwrap devlope, ouvè
unzip dezipe
up an wo
up a creek nan tchouboum
upon sou
upper class lelit
upper part anlè
upright tou dwat, onèt
uproar deblozay, eskandal
uproot rache
upset boulvèse, chavire
upside down tèt anba
upstairs anlè

uptight tchak, brak
ureter irèt, kanal marasa
urethra kannal pipi
urgency, emergency ijans
urgent prese
urinate pipi
urine pipi
URL adrès entènèt
us nou
USB thumb drive kle isb
use sèvi avèk/ak
use to abitye
used dezyèm men
used to te konn
useful itil
useless initil
uterus matris
uvula lalwèt
vacation vakans, konje
vaccinate vaksinen
vaccine vaksen
vagina pati fanm, vajin, bòbòt, bouboun
vaginal discharge pèt blanch
vagrant grenn ponmennen
vague vag
vain initil, ògeye, pretansyè
valid valab, bon
value valè
valve vann, vav
vanilla esans, vani
vanity pretansyon
vaporizer vaporizatè
variable chanje, varyab
varicose vein varis, venn
variety kalite
various divès
varnish vèni
vase po
vaseline vazlin
vegetable legim

vegetable soup bouyon
vegetative sans konensans
vehicle machin
veil vwal
vein venn
velvet vlou
vendor machann
venereal veneryèn
venom pwazon
ventilate ayere, vante
ventricle vantrikil
verb vèb
verdict santans
verify tcheke
vermicelli vèmisèl
verse kouplè, vèse
vertebra vètèb, zo do
vertigo vètij, tèt vire
very trè, anpil
vespers vèp
vial flakon, poban
vice vis
vicinity nan zòn
victim viktim, sinistre
victory viktwa
video(tape) videyo,
pranvideyo (v)
view vi
village bouk
vinegar vinèg
violence vyolans
violent vyolan, brital
VIP chabrak, zotobre, gran
nèg
virgin vyèj, ti fi
virus viris
visa viza
vision good/bad wè byen /
wè mal
visit vizit, vizite (v)
visiting hours lè vizit

visitor vizitè
visual vizyèl
vital enpòtan, vital
vitals zantray
vitamin vitamin
vocal chord kòd vokal
voice vwa
volleyball volebòl
volume volim
voluntarily pou kont li
vomit vomi, rechte (v)
vomiting vomisman
voodoo vodou
voodoo priest ougan
voodoo priestress manbo
voodoo temple ounfò
voodoo worship sèvi lwa
vote vòt, vote (v)
vow ve
voyage vwayaj
vulva pati fi, bouboun
wag souke
wages pèman, salè
wagon kabwèt
waist tay
wait tann, ret tann
wait on sèvi
waiter gason
wake (funeral) vèy
walk pwomnad, mach, mache (v)
walk about pwomennen
walk together mache ansanm
wall mi
wallet bous
want vle
war lagè
ward (surgical) sal chiriji
wardrobe amwa
warehouse depo

warm tyèd (adj), chofe (v)
warmth chalè
warn avèti
warning avètisman
warrant manda
wart vèri
wash lesiv, lave (v)
wash away bote
wash dishes lave vèsèl
wash down fè desann
washtub benywa (large), kivèt (small)
wasp gèp
waste fatra, gaspiyaj, gaspiye (v)
waste basket panye fatra
watch mont, siveye (v), veye (v), gade (v)
watch over veye
watch the clock veye lè
watchband braslè
watchman gadyen, watchmann
water dlo, wouze (v)
water, bottled dlo kiligann, dlo nan boutey
water, distilled dlo distile
watercress kreson
waterfront bòdmè
watermelon melon dlo
wave lanm, voye men (v)
wax lasi, sire (v)
way jan
we nou
weak fèb
weaken febli
weakling ti soufri
weakness fèblès, defo
wealth richès
wealthy rich
wean sevre

weapon zam
wear mete, pote sou ou
weather tan
weave trese, tise
web site sit entènèt
wedding nòs, maryaj
Wednesday mèkredi
weed raje, move zèb,
sekle (v)
week semenn
weekend wikenn
weekly chak semenn
weigh peze
weight loss pèdi pwa
weird dwòl
welcome (you are) padkwa,
ou merite
welcome with open arms
pran ak de bra
weld soude
well byen (good), pwi (water),
pa malad (not sick)
well-done byen kuit
well-reared byennelve
wellbeing byennèt
were (v) tap
werewolf lougawou
west lwès
western kòbòy
wet mouye
wet nurse nouris
whale balèn
wharf waf
what sa, ki, kisa
what a ala
what's his name kisasa
whatever nenpòt sa
wheat ble
wheel wou
wheelbarrow bourèt
wheeler-dealer brasèdefè

when lè, kan, kilè?
where kote, ki kote?
whether swake, si
whetstone mèl
which kilès
whichever kèlkelanswa,
nenpòt
while pandan, lè
whinny ranni
whip fwèt, rigwaz,
whipping kal
whirlwind toubiyon
whiskey wiski
whisper pale dousman, pale
nan zòrèy
whistle souflèt, soufle (v)
white blan, blanch
who ki, ki moun
who(m)ever nenpòt moun ki
whole antye
whole wheat flour farin ble
wholesale an gwo
whooping cough koklich
whore bouzen
whorehouse bòdel, makrèl
whose pou ki moun
why poukisa, pouki
wick mèch
wicked mechan
wide laj
widen laji
widow vèv
width lajè
wife madanm
wiggle jwe
wild mawon, sovaj
will testaman
willpower volonte
wilt fennen
win genyen, gen
winch wench

wind van, monte (v), bay chenn (v), vlope (v)
window fenèt, vit
windshield vit devan
windshield wiper winchil
wine diven
wing zèl
wink tenyen je,
winnow vannen (v)
winnowing tray laye, bichèt
winter livè, ivè
wipe siye
wire fil fè
wisdom sajès
wisdom tooth dan zòrèy
wise gen lespri, pridan, saj
wish swete
with avèk, avè, ak
within anndan
without san, san sa
witness temwen, sèvi temwen (v)
woman fanm, nègès
womb matris
wonder mèvèy, grate tèt (v), mande (v)
wonderful mèvèye
wood bwa
woodpecker sèpantye
wool lenn
word mo, pawòl
word processing tretman tèks
work travay, fè travay (v)
work together mete ansanm
workbench etabli
worked up chofe
worker travayè
workshop atelye
world latè, le monn
worm vè

worries sousi
worry sousi, tèt chaje, traka, pwoblèm
worse pi mal
worship adore
worship service kil
would sa, ta
would rather pito
wound blesi, maleng, blese (v)
wounded, injured blese
wrap vlope
wrench kle
wring tòde
wrinkle pli, chifonnen (v)
wrinkled chifonnen
wrist ponyèt
write ekri, konpoze
write back fè repons
written ekri
wrong tò
wrongly mal
wrought iron fè fòje
x-ray radyografi
yam yanm
yard lakou
yawn baye
yaws pyan
year an, ane
yeast leven
yell rèl, rele (v)
yellow jòn
yellow fever lajònis
yes wi
yesterday yè
yet sepandan, poutan
yield donnen, rannman
yoke jouk
you ou, nou
young jenn, jèn
your ou

yourself oumenm
youth jenès
yoyo yoyo
zero zewo

zip zipe
zipper zip
zombie zonbi

Creole Made Easy
Translation Dictionary

Tradiksyon Mo Angle an Kreyòl
English to Creole Word Translation

Wally R. Turnbull MFA

www.creolemadeeasy.com

Light Messages
lightmessages.com

Creole Made Easy Translation Dictionary

Creole to English Word Translation

Tradiksyon Mo Kreyòl an Angle

Wally R. Turnbull MFA

www.creolemadeeasy.com

Light Messages

lightmessages.com

Creole Made Easy
Translation Dictionary

Tradiksyon Mo Kreyòl an Angle

Creole to English Word Translation

Wally R. Turnbull MFA

www.creolemadeeasy.com

lightmessages.com

Dwa rezève © 2012, pa Light Messages

CREOLE MADE EASY WORD TRANSLATION

Wally R. Turnbull
creole@creolemadeeasy.com
www.creolemadeeasy.com
Enprime o Etazini Amerik
Light Messages Publishing
Durham, North Carolina
ISBN: 978-1-61153-010-0

TOUT DWA REZÈVE

Okenn pati nan liv sa a pa gen dwa repwodwi ni enprime sou papye ni mete nan fòma dijital nan òdinatè oubyen lòt fason san otorizasyon pibliyè a. Dwa sa yo pwoteje pa seksyon 107 ak 108 nan lwa entènasyonal 1976 sou dwa otè ak repwodiksyon.

Tradiksyon Mo Kreyòl an Anglè

a on, by
a dwat right (side)
a kat pat on all fours
a ki lè at which time
a kote aside, beside
a kòz due to
a la men by hand
a la mòd modern, in fashion
a lè punctual, prompt
a nivo horizontal, on the same level
a pa aside, apart, private
a pe pre about
a pik steep
a pwal bareback
a pye on foot
a rèl striped
abajou lampshade
abako dennin
abandonnen abandon, give up, quit
abese alphabet, humble (v), lower
abi injustice
abit referee
abitasyon farm
abitid custom, habit
abitye accustomed, used to
abiye dress (v)
abò aboard
abònman subscription
abriko apricot
absan absent, away
abse abscess
absoliman absolutely
achitèk architect
achte buy, purchase
achtè buyer
adapte adapt, adjust to

adezif adhesive tape
adiltè adultery
adisyon addition
admèt confess, admit to
admire admire
adopte adopt
adore worship
adrès address
adrès entènèt URL (Internet) e-mail address
adrese address (v)
adwaz slate
afè affair, genitals belongings, business,
afich poster
afiche post (v)
afrik Africa
afriken African
afwo afro
aganman chameleon
agòch awkward
agrandi enlarge
agrikilti agriculture
agwonòm agronomist
ajan agent, silver
ajans agency, travel agency
ajantri silverware
aji act (v)
aji sou affect
ajiste fit (v), adjust
ajitasyon nervousness
ajite nervous
enève nervous
ajoute add
ak with, certificate
akasan cornmeal pudding
akeyi greet
akizasyon accusation
akize accuse

akòde tune
akòdeyon accordion
akomode accomodate
akonpaye accompany
akonpli accomplish
akote next to
akouchman childbirth, delivery
akoupi squat
akòz because of
akra fritter (with malanga)
akrèk selfish
aks axle
akseleratè accelerator
aksepte accept, admit
aksidan accident
aksyon action, act, share of stock
aktif active
aktivite activity
akwo tear
ala what a
alabwòs crewcut
alamòd fashionable
alanbik still
alaplas de instead
alavans in advance
albòm album
ale alley, go (v), go away (v)
ale retou round-trip
ale wè not to mention
alèji allergy
aleka aloof
alemye improvement
aletranje abroad
alèz comfortable
alfabè alphabet
alfat pavement
alfate pave
aliman alignment
alimèt match
alimèt match

aliminyòm aluminum
alkòl alcohol
alman German
almanak calendar
alo hello
alò then
alonj extension cord
amann fine, penalty
ame armed, arm (v)
amelyorasyon improvement
amelyore improve
amèn amen
ameriken American
amize amuse
amizman fun
amonika harmonica
amòse prime (to start)
amou love
amoure lover (male)
amourèz lover (female)
amwa closet, wardrobe
amwenske unless
an year, in (see nan)
an atandan meanwhile
an ba down, bottom, beneath, under
an devenn unlucky
an dèy in mourning, bereaved
an deyò rural
an dezòd disorderly
an favè in favor of
an gwo wholesale
an kòlè angry
an pàn out of order
an poud powdered
an premye first
an reta late, behind
an travè across
an vi alive
an wo above, up (high)
an'n avan ahead, forward
anana pineapple

anba beneath, below, underneath, bottom, downstairs
anba bra armpit, underarm
anba chal clandestine
anba dlo underwater
anba pye underfoot
anba tè underground
anbalan undecided
anbarase embarrass (v), to be in a predicament
anbasad embassy
anbasadè ambassador
anbègè hamburger
anbilans ambulance
anbisyon ambition
anbrase hug (v)
anbyans atmosphere
anchaje in charge of
andedan inside
andezay middle-aged
andòmi anesthetize, put to sleep
andwi chittlins
ane year
anemi anemia
anestezi anesthesia
anfannkè acolyte
anfas in front of
anfen finally
anflamasyon inflammation, swelling
anfle bloated, swollen, swell (v)
anfòm fit, in shape
anfòm kou yon bas fit as a fiddle
anfounen bake
ang angle
angajman promise, undertaking
angle English

angòje obstruction
bouche obstruction
angoudi numb
angran proud
angrè fertilizer
angrese fatten
anietwale star anise
anile cancel
animal animal
anj angel
ankadreman frame
ankò again, anymore, some more
ankouraje encourage, motivate
ankourajment encouragement
anlè above, overhead, atop, upstairs, upper part
anmbègè hamburger
anmè bitter
anmède annoy, tease (v)
anmègdan annoying, disagreeable, irritating
anmidonnen starch (v)
anmize entertain
anmwenske unless
ann, annou let's
annafè involved
annanfans senile
anndan inside
annefè indeed
annipye centipede/millipede
annwiye annoy
anons announcement
anonse announce
anpeche prevent
anpil many, much
anpile pile (v)
anplifikatè amplifier
anplis besides, excess
anplwaye employ, employee

anpoul light bulb
anraje rabid
anrejistre register (v), tape (v)
anreta overdue
anrichi enrich, enriched
ansanm together
ansent pregnant
ansèy sign
anseye teach
ansèyman instruction
ansyen former, old
ant among, between
antant agreement
antay notch
ante haunted
antèman burial, funeral
antèn antenna
antere bury
antibyotik antibiotic
antidòt antidote
antònwa funnel
antòs sprain
antouka in any case
antrave be in a fix
antre enter (v), entrance, admission fee, meddle
antre nan go into, join
antrenè coach
antrene coach (v), practice (v)
antreprenè undertaker
antye entire, whole, thorough
anvan before (time)
anvan lè early
anvan ou bat je ou in the wink of an eye
anvan règ premenstrual
anvan yè day before yesterday
anvayi invade

anvi alive, birthmark, desire (v)
anvlòp envelope
anwe hoarse
anwetan excepting
anyen anything, nothing
ap ...ing (present progressive)
apa aloof
apantaj survey
apante survey (v)
apantè surveyor
aparèy machine, appliance
apatandojodi from now on
apèn hardly
apendis appendix
apenndisit appendicitis
apeprè approximately
apeti appetite
apik steep
apiye lean (v)
aplanni level (v)
aplikasyon application
aplodi applaud, clap (v)
aplodisman cheer
apot apostle
aprann learn
apranti apprentice
apre after
apre sa afterwards
apremidi afternoon
apwentman salary
apwòch approach
apwouve approve
aran herring
aransèl cod (salted and dried)
aransò kipper
arebò edge
arenyen spider
arenyen krab tarantula
arèt kòl tie clasp
arete arrest

aritmetik arithmetic
asasen assassin
asasinen assassinate, murder
ase enough
asirans assurance, insurance
asire insure, assure
asistans audience
asiste assist
asiste attend
asosye partner, associate
aspèj asparagus
aspire inhale
aspirin aspirin
aswè evening
asye steel
asyèt plate
atak assault, attack
atake attack (v)
atansyon careful (be careful), attention
atè floor, ground
atelye workshop, dentures
atèmiyo mat (straw for sleeping)
ateri land (v)
aticho artichoke
atik article (in newspaper)
atire attract
atis artist
atizana handcraft
atou trump
atrap catch
atrapan contagious, infectious
atrit arthritis
avan lè premature
avan nesans prenatal
avans forward
avanse advance (v)
avantaj advantage, benefit
avanti adventure, affair, fling

avas advance
avè with
avèg blind
avèk gaz carbonated
avèk, ak with
avèti warn, give notice
avètisman warning
avni future
avoka attorney
avril April
avwan oats, oatmeal
avyon airplane
awogans arrogance
ayere ventilate
vante ventilate
ayewopò airport
ayisyen Haitian
Ayiti Haiti
aza chance
azaryen gambler
ba bar, stocking, hose, rudder, down, low, give (v), allow (v), deal (v), produce (v)
bab beard, tassel
babako feast
babin double chin
babye grumble (v), babble
badin cane
bag ring
bagarè troublemaker
bagas bagasse (sugar cane pulp)
bagay thing, object, article
bagay ki anmègdan nuisance
bagay moun fou madness
bagèt French bread
bak reverse, tray used by vendor
bal bale, bullet, dance
bal tire gunshot

balans balance, scale (weight)
balanse balance (v), swing (v)
balanse (de bò) sway
balansin swing
bale broom, sweep
balèn candle, whale
balkon balcony
balon ball
ban bench, pew, give (v), allow (v), deal (v), produce (v)
banbou bamboo
banday bandage
bande bandage (v)
bande je blindfold
bandjo banjo
bandwòl banner
bank bank
bankèt stool
bann gang, much, many
bann chalè heat rash
bannann plantain
bannann peze plantain slices fried
bare block (v), fence (v)
barik barrel
barikad dam
baryè gate
bas bass
basen shower stall, cistern, pool
baskèt(bòl) basketball
baskile rock (v)
bat beat, throb, defeat, flap (v), whip (v), shuffle, mash
bat bouch chew, smack
bat bravo applaud, clap (v)
bat chalbari dèyè jeer
bat je ou blink
bat kat shuffle
bat kòk cockfight

batanklan junk
batay battle
batèm baptism
batèz egg-beater
bati build
batiman boat, ship, building
batis Baptist
batisman construction
batistè birth certificate
batize baptize
bato boat, ship
baton cane, stick
batri battery, drums
batri kizin kitchenware
bave drool, slobber
bavèt bib
bawo rung, rail, stripe
bay give, provide, produce
bay asirans guarantee (v)
bay blag joke (v)
bay chaplèt club (v)
bay chenn wind (v)
bay defi dare (v)
bay demisyon resign
bay egzeyat discharge (from hospital)
bay enstriksyon teach
bay fè commission (v)
bay fom model (v)
bay fòs strengthen
bay garanti guarantee (v)
bay konsèy advise
bay kou hit (v)
bay koulè color (v)
bay kouraj console
bay kout kouto stab (v)
bay kout pwen punch (v)
bay kout pye kick (v)
bay lòd order (v)
bay maladi infect
bay manje feed (v)
bay manti lie (v)

bay non name (v)
bay nouvèl inform
bay pansyon retire with income
bay prèv prove
bay pwazon poison (v)
bay san transfuse
bay sou face (v), look towards
bay swen treat (v)
bay tete breast-feed
bay tò blame (v)
bay travay employ
bay van inflate
bay verite a come clean
bay woulèt to hem
bay yon leson teach someone a lesson
bay yon lòt non rename
bay yon ti limyè sou shed light on
bay, ba, ban give (v)
baye yawn
bè butter
bebe baby
bèbè mute, dumb
bèf cow, cattle, beef
bege stutter, stammer
bègwè idiot
bèk beak
bekàn bicycle
beke peck
bèkèkè dumbfounded
beki crutch
bekonn bacon
bèl beautiful
bèl anpil magnificent
bèlfi daughter-in-law, stepdaughter
bèlmè mother-in-law, stepmother
bèlsè sister-in-law

bèlte beauty
ben bath
benediksyon benediction
benefis profit
bengo bingo
beni bless
beny bath
benyen bathe
benywa bathtub
benywa washtub
bere butter (v)
berejèn eggplant
bese bend down, lessen, lower (v)
bèso cradle, crib
bèt animal, insect, cattle, stupid
bèt lanmè seafood
betay cattle
betiz foolishness, profanity
betize to make a stupid mistake
beton concrete, pavement
bètrav beet
bètwouj beet
bezwen need
bi aim, purpose
Bib Bible
bibi biceps
bibliyotèk library
bibon baby bottle
bichèt winnow
bifèt cupboard, cabinet
bigay gnat
bigot mustache
bijou jewelry
bikabonnat baking soda
bil bill
bilan balance sheet
bilten ballot, vote
bimen batter (v)

bipe beep (v), call and hang up

bipè beeper

biren chisel

bis bus, encore, torso

bisiklèt bicycle

biskèt breastbone, sternum

biskwit biscuit, roll

biswit roll

biswit sèk cracker

biwo desk, office

biwo doktè doctor's office

biya billiards

biye ticket, note

blad balloon

blad pise bladder

blag joke

blakawout blackout

blan white

blanch blank, white, gray

blanchi bleach (v)

blanmen blame, scold, accuse

blayi sprawled

blaze fade

ble blue, wheat, bulgur/cracked wheat

ble maren navy

blenm pale

blenndè blender

blese injury, injure (v), wound (v)

blesi wound, sore

bliye forget

blòk block

bloke lock (v)

blokis traffic jam

blouz smock

bò in-law, by, edge, towards, side, in-law

bo kiss

bò bounda buttock

bò kòt alongside

bò kote by, towards

bò lanmè seashore

bò rivyè bank (river)

bobin bobbin, spool

bobori cassava cake

bòbòt vagina

bòdel whorehouse

bòdmè waterfront

bòdwo bill

bofis son-in-law, stepson

bòfrè brother-in-law, step brother

bokal jar

bokit bucket, pail

boko fatra dump

bòl bowl

bon good, valid

bòn housekeeper, maid, boundary

bon afè bargain

bon mache cheap, inexpensive

bon pri bargain

bon sans common sense

bon zanmi buddy, pal

bonafè bargain

bonbon cookie, confection

bondans abundance

Bondye God

bone bonnet

bonè early

bòne narrow-minded

bonèt bonnet

bonjou good morning, good day (greeting)

bonm bomb, kettle

bonte kindness

bòpè father-in-law, stepfather

bòs boss, brush, hump

bòs (nan tèt) bump on head

bòs mason brick mason

bòs pent painter
bosal rough and crude person
bose brush (v)
bosi hunchback
bòt boot
bote move (v), wash away
bouboun vagina
bouch mouth, brim
bouch matris cervix
bouche butcher, clogged, fill in, mouthful, plug (v), stop up,
bouchon bottle cap, stopper
bouchon lyèj cork
boude pout
bouden blood sausage
boudonnen buzz
bougon (mayi) corncob
bouje move, budge
bouji candle, spark plug
boujon bud, shoot
boujonnen sprout (v)
bouk buckle, village
boukannen roast
boukantay swap
boukante exchange (v), switch
bouke tired, bouquet, fed up
boukle buckle (v)
bouklèt curl
boul ball, clump
boul je eyeball
boul zòrèy earlobe
boulanje baker, bakery
bouldozè bulldozer
boule burn (v)
boulèt meatball
boulon bolt
boulonnen bolt (v)
boulvèse upset (v)
bounda ass, butt, base
bourad shove, helping hand

boure stuff (v)
bourèt wheelbarrow
bourik donkey, stupid, rude
bous wallet, purse, scholarship
bout end, piece
boutèy bottle
boutik shop, store
bouton button, knob, boil, pimple, hives
bouton chalè heat rash
boutonnen button (v)
boutonnyè buttonhole
bouya fog
bouyay interference
bouye confuse, confused
bouyi boil (v)
bouyon draft, vegetable soup
bouzen whore
bòy dumpling
bòzò dressed up
bra arm
bragèt fly
brak uptight
branch branch
branka stretcher
branrany barren
bras stroke, double arm width
brase stir
brasèdefè wheeler-dealer
braslè bracelet, watchband
brav brave
bravo applause, cheer
brek hand brake
bren dusk, dark
brennen flinch (v)
bretèl suspenders
bri sound, noise
brid bridle, rein
brigan hoodlum, unruly
brik brick
brikè cigarette lighter

brit rough
brital brutal, rough, violent
briyan bright shiny
briye shine (v)
bwa forest, wood
bwa alimèt matchstick
bwa mayi corncob
bwadife torch
bwafouye dugout canoe
bwason drink
bwat box, can
bwat sekrè piggy bank
bway boy
bwe buoy
bwè drink, soak up
bweson alcohol, drink
bwete hobble, limp (v)
bwòdè dressed up, snazzy
bwode embroider
bwokoli broccoli
bwonchit bronchitis
bwonz bronze
bwòs brush
bwòs dan toothbrush
byè beer
byen good, well
byen frape ice-cold
byen ke although
byen kwit well-done
byen plen full and
overflowing
byen pwòp full well
byen vit quickly
byennelve polite, well-reared
byennèt well-being
byento soon
chabon charcoal
chabrak VIP, saddlecloth
chache search (v), look for
chache kont pick a fight
chache papye paper bag

chadèk pumello, shaddock,
grapefruit
chadwon sea urchin
chaf crankshaft
chaj charge (battery)
chaje charge (v) (battery)
chaje loaded, infested, thick
with, cloudy
chaje depase overloaded
chaje moun packed
chaje wòch rocky
chajman cargo, load,
shipment
chak every, each
chak ane annually
chak inè de tan hourly
chak jou daily
chak semenn weekly
chak swa nightly
chalbari jeer
chalè heat
chalè warmth
chalimo drinking straw
chame charm (v)
champiyon mushroom
chan song, hymn
chanje change, exchange,
cash (v)
chanje plas move
chanjman change
chanm bedroom, room,
compartment, inner tube
chanpou shampoo
chanpyon champion
chanpyonna championship
chans luck, chance,
opportunity, risk
chante sing, song, crow (v)
chantè singer
chantye construction site
chany shoeshine boy

chapant carpenter, framework
chape escape
chapit chapter
chaple rosary
chaplèt club
chaplete club (v)
chapo hat
chare mimic, mock
chari plow
charite charity
chase hunt (v)
chasè hunter
chasi chassis
chat cat
chato castle
chatouyèt tickle
chatre castrate
chatwouy octopus, squid
chavire capsize, overturn
chay load, burden
chè expensive, flesh, pulpit
chè nan gòj tonsillitis, tonsils
chèch dry
chèdepoul goose bumps
chèf chief, boss, leader
chèk check
chemen path, trail
chemen dekoupe short cut
cheminen chimney, smokestack
chemiz shirt
chemizèt undershirt
chen dog
chèni caterpillar
chenn chain
cheri dear, honey
cheval horse
cheve hair
chèvrèt shrimp
chevwon rafter
chèz chair

chich stingy
chif number, figure
chifon eraser
chifonnen wrinkle (v), wrinkled
chiklèt chewing gum
chikore chicory
chire torn, ragged, tear (v), in trouble
chiriji estetik plastic surgery
chirijyen surgeon
chit thrush
chita sit
cho hot
chòd-chòd bat (animal)
chode scald
chodyè pot, cast iron pot
chofè chauffeur, driver
chofe heat (v), worked up
chofe nan dèyè have the hots
chofi heat rash
chòk shock absorber
chokola chocolate
chokola nan lèt cho hot chocolate
chosèt sock
chòt shorts
chòt de ben bathing suit
chou cabbage
chou palmis palm heart
choublak hibiscus
chouflè cauliflower
chouk stump
choupèt sweetheart
chout shot, kick on goal
choute shoot/kick a ball
chòv bald
chòv-sourit bat (the mammal)
chwa choice
chwal horse

chwal bwa grasshopper
chwal lanmè seahorse
chwazi choose, select
dach dashboard
dakò accept, agree, approve, approve of
dal gutter, concrete slab
dam lady, queen of cards
damye checkerboard, checkers
dan tooth, prong
dan devan incisor
dan dèyè molar
dan zòrèy wisdom tooth
danje danger
dans dance
danse dance (v)
dantèl lace
dantis dentist
dapre according to
daso assault
dat date
dawou August
de two, thimble, some
de fwa twice, sometimes
de men vid empty-handed
de twa a few
debake offload
debarase clear out
debat struggle (v), get by
deblozay bedlam, uproar
debòde overflow, to go to far in action
debouche clear a passage, open a container, uncork, outlet
deboutonnen unbutton
debranche prune (v)
debyen decent
dechaje unload
dechay sperm
defann defend, forbid

defans defense, bumper
defèt undo, defeat
defi defiance
defigire disfigure
defo fault, flaw, shortcoming, weakness
defonse break down
defwa twice, sometimes
dega damage
degaje get by, make do
degaje ou pou kont ou fend for oneself
degèpi evict
degi extra, bonus, freebee
degobye burp
degoutans disgust
degoute drip, disgust (v)
degrade demote
deja already
dejwente dislocated
dekale crack and peel
dekalke trace
deklare declare, state (v)
dekonnekte unplug
dekontwole uncontrolled
dekore decorate
dekoupe cut out, dilute
dekouraje discourage, discouraged
dekouvri discover, uncover
dekwa enough
dekwaze uncross
delage untie, come loose
delase unbound, unlaced
delika delicate
delivrans afterbirth
delivre deliver
dèlko generator
demach pursuit (of an end)
demann request
demanti repudiate

demare untie, start up (an engine)
demele untangle
demen tomorrow
demi half
demi lit half-liter, pint
demi tas half cup
demisyon resignation
demokrasi democracy
demwazèl dragonfly
denonse denounce, inform on
denwi nights
dènye last, final, latest
dènye pri last (best) price
depann depend
depans expenses
depanse spend
depany savings
depatman department
depeche ou jump to it
depi since, once
depi nan pye jis nan tèt from head to foot
deplase move (v)
deploge unplug
depo storeroom, warehouse
depo zam arsenal
depotwa dump
depoze lay down, turn in (documents), post (v) a letter
deranje inconvenience (v), interrupt (v)
deranje ou put oneself out
derape take off, start moving
derechanj spare tire
derespektan insolent
desanm December
desann descend, climb down, lower (v), belittle
desann grad demote
desann sot climb out

desè dessert
desele unsaddle
desen drawing
deside decide, conclude, determine
desiskole homosexual
desitire abolish
desizyon decision
desoule sober up
desten destiny, fate
dèt debt
detache detach
detay detail
detere dig up
detire kò stretch (v)
detwi destroy
devan ahead, in front of, before
devan-dèyè backwards
devenn misfortune, bad luck, jinx
devine guess (v)
devise unscrew
devlope unwrap, develop
devwa homework, obligation
devye deflect
dewoule unroll, unwind (a story)
dèy mourning
dèyè behind, backside, rear, bottom, pursue, seat
dèyè a in back
dèyè do yon moun behind someone's back
dèyò illegitimate
deyò outside, exterior, out, out of bounds
dezabiye undress
dezame disarm
dezanfle go down (swelling)
dezas disaster
dezè two o'clock

dezenfektan pou bouch mouthwash

dezenfekte disinfect

dezespere despair (v)

dezespwa despair

dezi desire

dezipe unzip

dezire desire (v)

dezobeyi to disobey

dezòd disorder, unrest

dezyèm second

dezyèm men used, second-hand

di say, tell, harsh, hard, stiff, tough

di betiz curse, swear

di maten a.m.

di mèsi thank

di radòt talk nonsense

diaman diamond

dife fire

difikilte hardship

difisil difficult

difteri diphtheria

digo indigo

dijere digest

diksyonnè dictionary

diktatè dictator

dikte dictation

dilatasyon abortion

dimanch Sunday

diminye reduce, decrease

dine dinner

diplòm diploma

dire last (v)

direk directly

direktè director, manager, principal

diri rice

diri ak sòs pwa rice and bean sauce

diri djondjon rice and black mushroom

diri kole ak pwa rice and beans

dirije direct (v)

dis ten, disk

dis lou hard drive

disèt seventeen

disiplin discipline

diskèt diskette

diskisyon argument

diskite argue, discuss

diskou speech

disnèf nineteen

dispansè dispensary

disparèt disappear

distraksyon fun

distrè relax

distrik district

diswit eighteen

ditou at all

divan couch, sofa

diven wine

divès various

divizyon division

divòs divorce

divòse divorce (v)

dizè ten o'clock

dizèl diesel

dizèm tenth

dizon agreement

dizwit eighteen

dja crock

djak jack

djandjan gaudy

djare diarrhea

djaz band (jazz or rock)

Djebenis bless you

djip jeep

djòb job

djòl yap, mouth

djòl alèlè blabbermouth

djòlè boastful
djondjon mushroom
dlo water
dlo distile distilled water
dlo glase ice water
dlo je tear
dlo kiligann bottled water
dlo mineral mineral water
dlo oksijene hydrogen peroxide
do back
do bosi hunchback
do fè mal backache
do kay roof
dodin rocking chair
dokiman records (file)
doktè doctor
doktè fanm gynecologist, obstetrician
doktè je optometrist
doktè kè cardiologist
doktè niwoloji neurologist
doktè pye podiatrist
dola dollar
domaj pity, damage
domaje damage (v)
dòmi sleep, sleep (v)
dòmi sou take advantage of
dominiken Dominican
domino dominoes
don talent, gift
donan generous
donk therefore
donmaje crippled
donnen bear (v), yield (fruit)
donte tame, break a horse
dosye file
dosye records (file)
dou gentle, mild-mannered
doub duplicate
doubli lining, liner
douch shower

doulè ache, pain
doum drum
doumbrèy dumpling
dous comfortable, cushy, sweet, candy
dousman slow(ly), gently
dout doubt
douz twelve
douzèn dozen
dòz dosage, dose
dra bed sheet
drapo flag
dray dry cleaner
dren drain
drenaj drainage
drese straighten
drèt erect, straight
dri frequently, closely spaced
drive drift, hang around
dwa right, freedom, power
dwat right, straight, erect
dwat e gòch reverse, flipped left and right
dwatye right-handed
dwe ought, owe
dwèt finger
dwèt jouda index finger
dwòg drug
dwòl odd, fishy, suspicious
dyab devil
dyabèt diabetes
dyafram diaphragm
dyare diarrhea
e and
è hour
ebenis carpenter
echalòt shallot
echanje exchange (v), switch
echantiyon sample
èd help, assistance
ede assist
ede help, assist

edike educate
edmi half hour
efase erase
efè baggage, luggage, effect, result
efò effort
egal equal, smooth (surface)
egal-ego equally
egare fool, idiot
egoyis selfish
egza precise
egzamen exam(ination), test
egzamine examine, explore
egzanp example
egzema eczema
egzèse exercise (v), practice, train
egzèsis exercise
egzile exile
egziste exist, to be
eka quarter past
ekilib balance
ekip crew, team
ekipay equipment
ekiri stable (for animals)
eklate burst, blow up, explode
eklèsi clear up
èkondisyone air conditioner
ekran screen (projection or computer)
ekrevis shrimp
ekri write, written, record
ekriti handwriting, text
eksepte except
eksite excite, excited
ekspè expert
ekspikasyon explanation, instructions
ekwou nut (for a bolt)
elastik elastic, rubber band
eleksyon election
elektrik electric

elektrisyen electrician
elektwonik electronic
elèv pupil, student
elevasyon (poud) baking powder
elikoptè helicopter
elimine eliminate, disqualify
elis propeller
elve raise (v)
emab likeable
emoraji hemorrhage
emowoyid hemorrhoid
en one (number)
endepandan independent
endepandans independence
endispoze faint (v), pass out, unconscious, collapse
endispozisyon fainting spell
endistri industry
enèvyman nervousness
enfeksyon infection
enfeksyon blad bladder infection
enfekte infected
enferyè jerk
enfim crippled
enfimyè nurse
enfliyans influence
enfòmasyon information
enganm spry
èni hernia
enjennyè engineer
enkyè anxious
enmède disturb, irritate
enposib impossible
enpòtan important
enpòtans importance
enpresyon impression
enprimant printer
enprime print
ensilte insult (v)
ensipòtab unbearable

ensiste insist
enskri enroll, register
enspeksyon inspection
enspekte inspect
enstriman instrument
enstwi instruct
entansyon intention
entelijan clever, intelligent, sly
entelijans wisdom, cleverness
entènasyonal international
entène hospitalize
entènèt Internet
enterè interest
enteresan interesting
enteresan anpil fascinating
enterese interested
entèvyou interview
entewonp interrupt
envante invent
envantè inventory
envitasyon invitation
envite invite (v), guest
epe sword
epè thick
epeng pin
epeng cheve bobby pin
epeng kouchèt safety pin
epeng ti tèt straight pin
epi and
epidemi epidemic
epis spice, seasoning
eple spell (v)
epòk period of time
eponj sponge
eprèv test, trial (of life)
ere fortunate
erè mistake
eritay inheritance
erite inherit
eritye heir

esans vanilla, essence (of vanilla)
esèy try
eseye try (v), attempt, test (v), try on
eskalye stairs
eskandal uproar
eskèlèt skeleton
eskive dodge
eskiz apology, excuse
eskize excuse (v)
esklav slave
eskòpyon scorpion
eskwash squash
espageti spaghetti
espas space
espere hope (v)
esperians experience, experiment
espesyal special, particular
espikè announcer
esplikasyon explanation
esplike explain
espozisyon show, display
espre deliberately, intentionally
espwa hope
espyon spy
estad stadium
estasyon bus station
estasyon gazolin gas station
estatè starter (engine)
estèk steak
estènen sneeze
estidjo beauty shop
estimasyon estimate
eta condition, state
etabli settled, workbench
etaj flight, story (building)
etajè shelf
etalon stallion
etan given

etenn turn off
etensèl spark
etidye study
etikèt label
etòf stuffing, rags
etoufman suffocation
etranj strange
etranje foreign, foreigner
etwal starfish
etwat narrow
evantay fan
evèk bishop
evenman event
evitab preventable
evite avoid
evye sink
expoze expose, display
ezite hesitate
fa lighthouse, lipstick
fache angry
fad bland
faktè mailman, postman
fakti bill (v)
faktori factory
fal poul chicken breast
falèz cliff
famasyen pharmacist
fame famous
fanatik fan
fanfa brass band
fanm woman
fanm deyò mistress
fanmasi pharmacy, drugstore
fanmi family, kin, related, relative
fanmsay midwife
fann split (v)
fannal lantern
fant crack
farin flour, grain meal
farin ble whole wheat flour
farin frans wheat flour (white)

farinay mist
farinen drizzle, sprinkle (v)
fas anba face down
fasil easy
fason manner, style
fatig fatigue
fatige tired
fatra trash, garbage, litter
favè favor
fè make, do, accomplish, bear offspring, iron, steel, horse-shoe
fè afè make a deal, do business
fè ale repel
fè aliman align
fè apante survey (v)
fè aplikasyon apply
fè atansyon take care
fè bagay have sex
fè bak back up, reverse
fè balansin swing (v)
fè baygay sex (have sex)
fè blag joke about, make a joke on
fè blan tin
fè chofè chauffeur (v)
fè chonje bring back, remind
fè dan teethe
fè de ling drop someone a line
fè de mo drop someone a line
fè demach pull strings
fè desann wash down
fè desen draw (v)
fè devwa ou do one's duty or homework
fè dezòd misbehave
fè distrè distract
fè djòlè brag
fè dlo run (liquid)

fè dòmi knock someone out

fè egzèsis drill, exercise (v)

fè endispozisyon faint (v), pass out

fè entèvyou interview (v)

fè erè err, go wrong

fè estimasyon appraise

fè fèt celebrate

fè fòje wrought iron

fè fou drive someone crazy

fè gras pardon (v)

fè grèv strike (v)

fè grimas make a face

fè jenn to fast

fè kadejak sou rape (v)

fè kado give away

fè kolboso dent (v)

fè kòmann order (v)

fè konfyans trust (v)

fè konmsi pretend

fè konnen inform, let someone know

fè konnesans meet

fè konpliman congratulate, praise (v)

fè konplo conspire, plot

fè la bab shave

fè lach act cowardly

fè lanmou make love

fè lapli rain (v)

fè lè stall

fè lide intend

fè mal harm, hurt, ache, painful

fè manje cook (v)

fè manti lie (v)

fè mennas threaten

fè nwa dark

fè operasyon operate on

fè pè frighten, scare

fè peche sin (v)

fè pi byen improve

fè pipi pee (urinate)

fè pitit produce offspring

fè plent complain

fè plezi please (v)

fè pose sue

fè potre photograph (v), draw (a picture)

fè preparasyon prepare, plan (v)

fè pwogram plan (v)

fè rapo report (v)

fè rasin root (v)

fè reklam advertise

fè repetisyon rehearse

fè repons write back

fè reyinyon meet

fè ri amuse

fè sanblan pretend

fè sèman swear an oath, swear that

fè siy gesture

fè sote startle

fè tankou pretend, act as though

fè tiyo pipe

fè tò wrong (v)

fè tonbe spill (v)

fè travay work (v)

fè tripotay gossip (v)

fè van fart

fè vit hurry (v)

fè vwadlo spring a leak

fè wè show

fè wont disgrace (v), embarrass, humiliate

fè woti roast

fè woul play hooky

fè woulèt hem (v)

fè woulib coast (v)

fè yan flash (v)

fè yon efò make an effort

fè yon koub curve (v)

Tradiksyon Mo Kreyòl an Angle

fè yon kous race (v)
fè yon pitit have a baby
fè yon poze rest (v)
fè yon prèch preach
fè yon tèt ansanm unite
fè yon twou bore a hole
fè zanmi make friends
fè-l vini pi gran increase
fèb weak, dim, feeble
fèblès weakness
febli weaken
fèk just now
fele crack (v)
fèm firm, farm, lease
femèl female
fèmen close (v), closed,
corner (v), lock (v), locked,
shut (v), shut down, turn off
fèmen a kle lock (v)
fèmen deyò lock someone
out
fèmen nan prizon imprison
fen fine, thin, end, fine
fenèt window
fenk only just
fenmèl female
fenmèl chen bitch
fenmèl kochon sow
fenmèl mouton ewe
fennen wilt
fènwa darkness, nighttime
feray scrap iron
fèt birthday, born, celebration,
holiday, party, feast
fete party (v)
fetich fetish, charm
fevriye February
fewòs fierce
fèy leaf, sheet
fèy sable sandpaper
fèyay greens
fi girl, daughter, female

fich receipt
fidèl faithful, loyal
fig banana
figi face
fiks squarely
fikse stare
fil thread, line, wire
fil arenyen spider web
fil fè barbed wire, wire
fil kouran electric wire
filaplon plumb line
filè hair net, net
file thread (v), string (v),
sharp, sharpen, spin (yarn),
tail (v)
filt filter
fim film, movie
fimen smoke (v), smoking
fimye manure
fin peye pay off
fini finish, complete (v),
finished
fisèl cord, string
fistibal slingshot
fiyanse engaged, fiancé(e)
fiyèl godchild
fizi rifle, gun
fiziye shoot
flach flashlight, flash
flakon vial
flanen idle (v)
flanm flame
flannè idler
flè flower
flèch arrow, dart
flenm phlegm
fleri bloom
flit flute
flite spray
flòk baggy
flote float
fo false, fake

fò strong, loud, must
fo dan false teeth
fo pwen brass knuckles
fòj forge
fòjon blacksmith
fòjwon blacksmith
fòk must
foli delusion, madness
fòm shape, form
fòmann foreman
fòme form (v)
fomi ant
fon deep, bottom, forehead
fondasyon foundation
fondè depth
fonn dissolve, melt
fonse dark, sink (v)
fonse sou charge (v)
fontyè border
forè forest
fòs force, grave, strength
fòse force (v)
fòse antre draw in(to)
foseyè grave digger
foskouch miscarriage
fòt fault
fot mistake, penalty
fotèy couch
fòtifyan nutritious
foto photograph, picture
fou crazy, insane, stove, oven
foubi scour, scrub
foubi scrub
fouch fork (other than tableware)
fouchèt fork (tableware)
fouk crotch
foul crowd
foula scarf
foule sprain
founi furnish, bushy
foure insert

foutbòl soccer
fouyapòt busybody, nosy
fouye dig (v), search
fractire fracture (v)
frajil fragile, brittle, delicate
franbwaz raspberry
franj fringe
Frans France, French (style)
franse French (language and people)
frape hit (v), knock, tap (v), strike (v)
fraz phrase, sentence, banter
frè brother
fre cool, fresh
fredi cold, chill, arthritis
frekan impertinent
fren brakes
frenn spear
frennen brake (v), spear (v)
fresko snowcone
frèt cold
frèz strawberry
fri fried, fry
frijidè refrigerator
frizè freezer
fwa liver, occasion, time
fware stripped
fwaye home
fwenn spear
fwèt whip
fwi fruit
fwitponch fruit punch
fwomaj cheese
fwontyè border, frontier
fwote rub, abrasion
fyè proud
fyèl bile, gall bladder, stamina
fyèl pete backbreaking
fyouz fuse
ga railroad station
gabèl head start

gachèt trigger
gad guard
gad-manje cupboard, pantry
gade look (v), check (v),
stare (v), watch (v), store (v)
gadkòt coast guard
gadyen goalie, watchman
gaga stupid, foolish
gagann throat, larynx
gagari gargle
gal scabies
galata loft
galeri porch
galon gallon, stripe
galope gallop
gan glove
garaj garage
garanti assure, collateral
gason boy, male, son, waiter
gaspiyaj waste
gaspiye waste (v), go to
waste
gate spoil, ruin (v)
gato cake
gaye spread (v), scatter
gaz gas
gazèl heifer
gazolin gasoline
gazon grass, lawn
gazòy diesel fuel
ge merry
gedj gauge, dipstick
gen get, have, win
gen chans lucky
gen diferans differ
gen dòmi nan je sleepy
gen dwa maybe, might
gen enpòtans be important,
count (v)
gen je nan do have eyes in
the back of one's head

gen kè di hard hearted,
callous
gen konesas conscious
gen lespri clever, wise
gen lide have a mind to,
intend
gen lontan long ago
gen odas dare
gen reta fall behind
gen sans add up
gen ti boul lumpy
gen vomisman nausea
genlè apparently
genn girdle
gentan already
genyen alèji allergic
genyen, gen win, have,
own (v), there is
gèp wasp
geri cure (v), heal (v)
gerizon recovery
gid guide
gidon handlebars
gigit penis
gildiv distillery
gita guitar
glann pwostat prostate
glas ice, mirror
glase frozen, iced
glason ice cube
glasyè ice box, cooler
glè phlegm
glise slide, slip (v), slippery
glòb blister
glwa glory
gobe gulp
goch left, awkward
goche left-handed
gode cup (metal), tin cup
gòj throat
gòj fè mal sore throat,
laryngitis

gòje sip, swallow
gòl pole, goal (soccer)
gon hinge (type)
gonbo okra
gonfle swell (v), swollen, bloated
gonfleman indigestion
gonm eraser, gum
gou flavor, taste, tasty
goudi oar
goudwon tar
goumen fight (v)
goumèt bracelet
gous pod
gout drop
gout lapli raindrop
goute taste (v)
gouvènay rudder
gouvènen govern, rule
goyin handsaw
gra fat
grad rank
gradoub tripe
graj grater
graje grate
gran great, big
gran gran gran immense
gran nèg big shot, VIP
gran tay tall
granchire braggart
grandè size
grandèt elder, old person
grangou hunger, hungry, famine
grangòzye pelican
granmesi free
granmoun adult, grown-up
grann grandmother
granpapa grandfather
grantchalè gonorrhea
gras pardon, grace
gras a thanks to

grate scratch (v), itch (v), scale (v), scrape (v),
grate plim shave (v)
grate tèt scratch your head, ponder, wonder
gratèl itch, sea lice, rash
gratis free, complimentary
grav serious, grave, critical
grave engrave
gravye gravel
grefe graft
grenadya passionfruit
grenn see, grain, pilll, capsule, tablet, testicle
grenn seed
grenn kolye bead
grenn lapli raindrop
grenn planing birth-control pill
grenn ponmennen vagrant
grennen scatter
grèp coffee sock
grès grease
grese grease (v), lubricate
grèv strike
gri gray, grill
grif claw
grifonnen scratch, scrawl, scribble
grimas to make faces, ugliness
grip cold, flu
griyad grilled meat
griye grill (v), toast
griyen grin
gwayav guava
gwo big, coarse, great
gwo chabrak dignitary
gwo chodye caldron
gwo grip influenza
gwo gwo immense
gwo kiyè tablespoon

gwo lajounen in broad daylight
gwo lannuit dead of night
gwo lo jackpot
gwo midi high noon
gwo resepsyon banquet
gwo sèl sea salt
gwo soulye crude
gwo tèt big boss
gwo van gale
gwo zòtèy big toe
gwo zotobre big shot, VIP
gwòg grog, booze
gwonde growl
gwosè size
gwosès pregnancy
gwosye rude, coarse, rough
gwoup group
hanga shed
hòt dòg hot dog
idantite identity
ijans urgency, emergency
ijenik clean
ijyèn hygiene
il island
ilsè ulcer
imaj picture
imajine imagine
imè humor
imel e-mail
imid damp, humid
imigrasyon immigration
imite imitate
imonde prune (v)
inè one o'clock
ini unite
inifòm uniform
inisye initiate
initil useless, vain
inosan innocent
ipokrit hypocrite
ipotèk mortgage

ipoteke mortgage (v)
irèt ureter
ise hoist
isi, isit here, present
istwa story
itil useful
ivè winter
iwondèl swallow
izin factory, plant
izole isolated
ja crock
jaden garden, field
jako parrot
jal general
jalou jealous
jalouzi jealousy, envy
jan way, manner
janbe to cross (a river)
janbon ham
janbon ham
janchwa anchovy
jandam policeman
janm leg, never
janm pantalon pant leg
janmen never, ever
jansiv gum
jant rim
janti gentle, kind, nice
janvye January
jape bark (v)
jasmendawi jasmine
je eye
je kat deck of cards
jedi Thursday
jele jelly
jelo Jello
jèmen germinate
jen June
jeneral general
jenere generous
jenès youth, slut
jenjanm ginger

jenn young
jennen inhibited, narrow, hinder
jenou knee
jeran custodian
jete discard, bail, blow down
jete dlo bail
jete pitit abort
Jezi Jesus
ji juice
jibye game
jigo leg of meat
jij judge
jije judge (v), try (v)
jijman judgment, trial
jilèt razor blade
jiman mare
jip skirt
jipon slip
jire swear
jis narrow, on the dot, until
jis ki bò how far
jis ki kote how far
jis leson moral of the story
jistan until
jistis justice
jiwòf clove
jiyè July
jodi a today
jòfi swordfish
jokè joker
jòn yellow
jòn abriko orange
jou day
jouda traitor
joudlan New Year's Day
jouk until, roost, yoke
jouman slander
joumou pumpkin
jounal newspaper
jounalis journalist
jounen day, daytime

joure cuss, scold, swear
jwa joy
jwe play (v), wiggle, act (actor)
jwè player
jwe ak gamble with
jwe ak dife play with fire
jwe aza gamble (v)
jwen joint
jwenn find (v), discover, get, join
jwenn ak/avè(k) catch up to
jwenti joint
jwenti dwèt knuckle
jwenti pye ankle
jwèt game, toy
jwif Jew
ka case, quarter, fourth
ka fèt feasible
ka tas quarter cup
ka(b) be able to, can (v), might
kaba finish, finished
kabann bed
kabare tray
kabicha doze, nap
kabinè law firm, bathroom
kabiratè carburetor
kabrit goat
kabwèt cart, wagon
kache hide (v)
kacho cell, dungeon
kachte seal (v)
kad cot
kadans rhythm
kadav corpse
kadejak rape
kadna padlock
kadna sekrè combination lock
kado gift, present
kadyològ cardiologist

kafe coffee
kafetyè coffeepot
kafou intersection, crossroad
kafouyay confusion
kagoul hood
kajou mahogany
kaka dung, shit
kaka kleren lush, drunk
kaka zòrèy ear wax
kakas carcass
kakawo cacao
kakaye cackle
kal whipping, calm, peaceful, hold (ship), scale (fish), shell
kalalou okra
kalbas gourd
kale spank, defeat, hatch, peel, shell (v), stall
kale je ou keep one's eyes peeled
kalewès loaf (v)
kalite kind, quality, style, variety
kalkil arithmetic
kalkilatris caculator
kalkile calculate, consider
kalkile sou dwell upon
kalman painkiller, tranquilizer
kalme calm down, ease, relieve
kalmi lull
kalòj cage
kalonnen pelt, hit, beat
kalòt slap
kalson underpants
kamyon truck
kamyon fatra garbage truck
kamyon sitèn tank truck
kamyonnèt pickup truck, station wagon
kan camp, when
kanal canal, channel

kanape sofa
kanaval carnival
kandida candidate
kanè bankbook, report card
kanè chèk checkbook
kanèl cinnamon
kanf camphor
kanif pocketknife
kanistè canister
kanmenm anyhow
kann sugar cane
kanna duck
kannal vagina
kannal pipi urethra
kanni mildewed, moldy, musty
kanno cannon
kannòt rowboat
kanpe stand (v), standstill
kansè cancer
kanson pants
kantaloup cantaloupe
kantik hymn
kantin canteen
kantite quantity, amount
kap dandruff, kite
kapab, ka can (v), able, might
kapital capital
kapitèn captain
kapo wou hubcap
kapon coward
kaponnay intimidation
kaponnen intimidate
kaporal corporal
kapòt condom
kapòt (motè) hood
karaktè character
karamèl caramel
karang louse, jack fish
karannde forty two
karannkat forty four
karannsenk forty five

karannsèt forty seven
karannsis forty six
karanntwa forty three
karant forty
karantèn quarantine
karanteyen forty one
karantnèf forty nine
karantuit forty eight
karapat tick
karapat karèt turtle shell
karapat tòti turtle shell
kare square, blunt, frank
Karèm Lent
kareman outright, in no uncertain terms
karese pet, caress
karèt sea turtle
kas helmet
kasav cassava bread
kase break (v), break off, break open, break out of. broken
kase koub turn a corner
kasèt cassette tape
kaskèt cap
kastwòl kettle, pan, saucepan
kat card, cards, four, map
kat blanch search warrant
kat didantite id card
katab folder
katach AIDS
katedral cathedral
kategori category
katolik Catholic
katon cardboard
katòz fourteen
katrè four o'clock
katreven eighty
katrevende eighty two
katrevendis ninety
katrevendisèt ninety seven

katrevendisnèf ninety nine
katrevendizuit ninety eight
katrevendouz ninety two
katrevenen eighty one
katrevenkat eighty four
katrevenkatòz ninety four
katrevenkenz ninety five
katrevennèf eighty nine
katrevenonz ninety one
katrevensenk eighty five
katrevensèt eighty seven
katrevensèz ninety six
katrevensis eighty six
katreventrèz ninety three
katreventwa eighty three
katrevenuit eighty eight
katye neighborhood
kavalye rider
kavèn cave
kaw crow (bird)
kawo check, diamonds, tile
kawòt carrot
kawoutchou hose, rubber, tire
kay house, dwelling, building
kaye notebook, clot (v), curdle
kazèn ponpye fire station
kè heart, core
ke tail, than
ke chemiz shirttail
kè di heart of stone
kè ou fè ou mal pou one's heart goes out to
kèd lukewarm
kèk some, few
kèlkelanswa whichever
kenbe hold, capture, keep, contain, support (v)
kenbe kò ou take care
kenbe pou cover for, fill in for
kenz fifteen

kès case, bass drum, cash register
kès depany savings bank
kesye cashier
kesyon question
kesyonen question (v)
kèt collection
kètchòp catsup
keyi pick, gather fruit
ki what, who, keel
ki fè souvan frequent
ki kapab trete treatable
ki kote where
ki moun who
ki sa what
kidnape kidnap (v)
kidonk therefore
kijan how
kilè when, at what time
kilès which
kilòt panties
kilt worship service
kilti crop, agriculture
kiltivatè farmer
kim foam, lather, suds
kimen foam (v)
kipay harness
kirye curious
kis cyst
kisa what
kisasa what's his name
kisè cursor
kit even (from debt)
kite leave, allow, break up, check out, desert, quit
kite antre admit
kite pou demen postpone
kite tonbe drop (v)
kivèt washtub, dishpan
kiyè spoon, spoonful
kizin kitchen
kizinyè(z) cook

klaksonn horn
klaksonnen honk
klarinèt clarinet
klas class, classroom, grade
klase file (v)
klavye keyboard
klè bright, clear, fair
kle key, wrench
kle anglèz monkey wrench
kle isb USB thumb drive
kle kola bottle opener
klere glow, lit up, shine (v)
kleren rum
klewon bugle
klinik clinic
klips paperclip
klipsè stapler
klis bwa splinter
klitoris clitoris
kliyan customer
klòch bell
klòtch clutch
kloti fence
klotire fence (v)
klou boil, nail, sty
kloure nail (v)
kò body, bunion, corn, corpse
kò sèch dehydrated
kòb money
kòbòy cowboy, western
kòbya hearse
kòche skin (v)
kochon, vyann kochon hog, pig, pork
kochondenn guinea pig
kochte dock (v), latch
kòd rope, string
kòd lonbrit umbilical cord
kòd vokal vocal chord
kodak camera
kodase cackle
kodenn turkey

kòdonye shoemaker
kòf trunk
kòfrefò safe
kòk cock, rooster, hull (boat)
koka Coca cola
koke hang (v)
koken tricky, sly, a cheat
koki shell
koklich whooping cough
kokobe cripple, crippled, handicapped
kokomakak club
kokonèt cupcake
kòkòt sweetheart
kokoye coconut
kòkraz exhaustion
kòl collar
kola soda pop
kola jenjanm Ginger Ale
kola rezen Grape Soda
kola zoranj Orange Soda
kolboso dent
kolè anger, temper
kole stick (v), stuck, cling to, collar, glue (v)
kole ak next to
kole kole right next to
kolerin dysentery
kolèt burlap
kòlgat toothpaste
kolik colic
kolonèl colonel
koloni colony
kolye necklace
kòm as long as, since
kòmande order (v)
kòmann order
kòmanse begin
komès commerce
komisyon commission
komite committee, council
kòn horn, shoehorn

kòn lanbi conch shell horn
konba struggle, combat
konbyen how many/much
kondane condemn, sentence
kondisip schoolmate
kondisyon condition, terms
kondwi lead (v), guide, steer
kondwi tèt behave
kòne cone
kònè earphone
kònen buzz
konesans consciousness, knowledge
konferans lecture
konfese confess
konfesyon confession
konfiti preserves, jam
kònfleks corn flakes
konfonn mix up
konfyans confidence, trust
konfyolo cahoots
kònichon pickle
konje leave, vacation
konjesyon congestion
konkiran competitor, rival
konkonm cucumber
konkou contest, help
konminyen take communion
konmisyon errand, message
konmsi as if
konn use to, know to
konn sou have something on
konnekte connect, plug in
konnen know (v), accustomed, know how, know of
konngout dropper
konpa compass
konpare compare
konparèt coconut bread
konpayi company, firm
konpitè computer

konplete complete (v)
konplètman completely, absolutely
konplike complicated, involved
konpliman compliment, congratula-tions
konplimante congratulate, praise
konplo plot
konpoze compose, write
konpozisyon exam(ination), test
konprann understand
konprann mal misunderstand
konprès compress
konsa thus, so
konsa konsa lightly
konsanti consent
konsève preserve, store (v)
konsèy advice, recommendation
konseye advise, adviser, suggest
konsidere regard (v), consider
konsiltasyon examination (medical)
konsilte examine (doctor/patient)
konsolasyon comfort
konstipasyon constipation
konstipe constipated
konstitisyon constitution
konsyans conscience
kont quarrel, grudge, against, fable
kontab accountant, bookkeeper
kontablite accounting
kontak contact
kontamine contaminate

kontan happy, glad
konte count (v), depend
kontenè shipping container
kontinye continue
kontra contract
kontrarye hamper
kontre meet
kontrebann contraband
kontwa counter
kontwòl control, jurisdiction
kontwòl kè electrocardiogram
kontwole check (v), review, examine
konvèti convert
konwè like, as
konwonpi corrupt
kopliman praise
kopye copy (v)
koral choir
kore prop (v), chock (v)
korèk proper
koresponn match (v), fit (v)
korije correct (v), discipline (v), punish
kòs bark
kòsay blouse
kostim suit
kostim de ben bathing suit
kot coast
kòt rib
kòtakòt side by side
kote, ki kote? place, side, where?
kotèks sanitary napkin
koton cotton
kou blow, class, course, neck
koub curve
koube bend, bow (v)
kouch coat, crud
kouche lie down, go to bed, bedridden

kouche ak sleep with
kouche plat horizontal
kouchèt diaper
koud sew, elbow
koud to sew
koud bra elbow
koud pye ankle
koudeta coup d'état
koujin shed
koukouy firefly
koulè color
koule leak (v), filter (v), sink (v), strain (v), flow, flunk
koule, pase nan paswa strain
koulèv snake
koulin mountain side, slope, flank
koulout tightwad
koulwa hallway
koulye a at once, currently
kouman how
kounan knock-kneed
kounouk shack
kounye a at once, currently
koup trophy
koupab guilty
koupe cut, cut off, cut down
koupe kout abridge, cut short
koupi crouch
kouplè verse, hinge
kouplè kadna hasp
koupon remnant
kouraj courage
kouraje brave
kouran current, electricity
kourandè draft
kouray energy
koure (kochon) boar
kouri run
kouri dèyè chase, pursue
kous race (contest)

kousen cushion
kout short, blow, bolt, clap, flash
kout dan bite (n)
kout fizi gunshot
kout lang slander
kout pye kick
kout san stroke
koute cost (v), listen
koute anbachal eavesdrop
kouti sewing, stitch
koutim custom
koutiryèz seamstress
koutmen hand
kouto knife
kouto digo sickle
kouto file sharp knife
koutriyèz seamstress
kouvè place setting
kouvèti cover, lid
kouvrefe curfew
kouvreli bedspread
kouvri cover (v), covered, coated
kouwa belt
kouwè like, as
kouwòn crown
kouyè elektronik e-mail
kouzen cousin (male)
kouzin cousin (female)
kowosòl soursop
koz cause
koze chat, conversation, chat (v)
kozè talker
kozman conversation
krab crab
krache spit, spittle, saliva
kranpon cleat
krapo frog, toad
kraponnay intimidation

kraponnen chicken out, intimidate
kras dirt, crud, stingy
kravat necktie
kraze break, crush, chew, mash
kraze kò ou exhaust
kraze moral devastate
kre hollow
kreati creature
kredi credit
krèm cream, ice cream
krèm bab shaving cream
krèm lèt cream
krenn fear (v)
krentif fearful
krèp pancake
krepi plaster (v)
krepin sink strainer
kreson watercress
krèt cockscomb
kretyen Christian
kretyen vivan human being
kreve puncture
kreyòl Creole
kreyon pencil
kri raw, uncooked
kribich crawfish, crayfish
krikèt cricket
krim crime
krinyè mane
krisifi crucifix
kritike criticize
kriye cry (v), squeak
kriz seizure
kriz kadyak heart attack
kriz kè heart attack
krizdenè hysteria
kwa cross
kwafè barber, barber shop
kwake although
kwasan crescent roll

kwaze cross (v)
kwaze ak bump into, run into
kwè believe, imagine, suppose
kwen corner
kwense corner (v)
kwi gourd bowlleather
kwi tèt scalp
kwis thigh
kwis poul chicken thigh
kwit cook (v), cooked
kwit nan fou bake
kwiv copper
kwochèt hook
kwochi crooked
kwòk hook
kwoke to hang up
kwout scab, crust
la here, there
lab veritab bread-fruit
laba a over there
labank bank
labapin bread-fruit nut
labatwa slaughterhouse
Labib Bible
laboratwa laboratory
labou mud
labouyi porridge
labrin dusk
lach slack, cowardly
lachanm congress
lacharite charity, handout
lachas hunt
lache loose
lacho lime, slaked lime
ladon bacon
ladwann customs
lafimen smoke
Lafrik Africa
lafwa faith, trust
lafyèv fever

lage drop (v), dismiss, loosen, dump (v), get out, let go, let off, let out, let someone down, set free
lage loosen
lagè war
lage devenn sou jinx (v)
lage sou pin something on
lage souf ou exhale
laglwa glory
lagout gout
lagratèl itch, sea lice
lagrèl hail
laj age, baggy, wide
lajan money
lajè width
laji spread, widen
lajònis jaundice, yellow fever
lajounen day, daytime
lajounen kou lannuit around the clock, day and night
lak bait, lake
lakansyèl rainbow
lakay at home, home
lake bait (v)
lakizin kitchen
lakòl glue
lakolèt collection
lakou yard
lakòz cause
lakranp cramp
lakrè chalk
lalin moon
laliy taxi
lalwa law
lalwèt uvula
lam veritab breadfruit
lamarye bride
lame army
lamedsin medicine
lamès mass service
lamòd fashion

lan slow, in
lanbi conch
lanèj snow
lanfè hell
lang language, tongue
lank anchor, ink
lanm blade, wave, breadfruit
lanmè ocean, sea
lanmen handshake
lanmidon cassava flour, starch
lanmò death
lanmori cod
lanmou love
lannuit nighttime
lanp oil lamp
lansan incense
lantiray fence (v)
lantiy lentil
lanvè inside out, reversed, reverse (fabric)
lapè peace
lapèch fishing
lapen rabbit
lapenn sorrow
laperèz fear
lapèsòn so-and-so
lapli rain
lapolis police
lapòs post office, mail
lapriyè pray
laptòp notebook computer
larad harbor, coast
larat spleen
lari street
larim mucus, snot
larivyè river
las ace
lasal living room
lasante health
lasentsèn communion
lasèt shoelace

lasi wax
latè earth, ground, world
lateng ringworm
Latousen All Saints' Day
latrin latrine
lavabo sink
lavalas torrent, landslide
lavant sale
lave wash (v)
lave vèsèl wash dishes
laverite truth
lavey eve (before)
lavi life, lifetime
lavil city, town
lavil la downtown
lavman enema
lawoujòl measles
lawouze dew
lay garlic
laye winnow, winnowing tray
lè air, time, hour, when, while
le monn world
lè sa then, at that time
le swa nights
lè vizit visiting hours
lèd ugly
legim vegetable
legliz church
lejè light
lejè tankou yon pay light as a feather
lekipay harness
lekòl school
lekòl primè elementary school
lelit elite, upper class
leman magnet
lemonni pneumonia
lendi Monday
lene eldest
lenjistis injustice
lenn blanket, wool

lennmi enemy
lèp leprosy
lès east
lese tonbe drop (v)
lesepase pass
lesiv laundry, wash
leson lesson
lespri spirit, intelligence, mind
lespri bòne narrow-minded
lespwa hope
lestomak chest
leswa evening
lèt letter, milk
lèt an poud powdered milk
lèt kaye clotted milk
lèt vapore evaporated milk
leta state, government
letan lake
lete summer
leti lettuce
lèv lips
levanjil Gospel, Protestant
leve arise, germinate, lift (v), raise (v), rear (v), awaken
leven yeast
levye machin gearshift (lever)
Lewa Epiphany
lèz strip
lèzòt others
li read, he, her(s), him, his, it, she
lib free
libète liberty
libreri bookstore
lide hunch, idea, opinion
likid fluid, liquid
lim file
limen file (v), light (v)
limenm himself, herself, itself
limit boundary, limit
limon lemon, slime

limon lanmè algae
limonnad limeade
limyè light
limyè machin headlight
linèt glasses
linèt solèy sunglasses
lis list, smooth
lisans driver's license
lise high school
lit liter, struggle
lite struggle (v)
liv book, pound
livè winter
liy line, stripe
lò gold, when
lòd instructions, order
lojisyèl program (computer)
lòk lock
lokatè tenant
lòn cloth measure (45 inches)
lonbray shade, shadow
lonbrit navel
lonè honor
long long
longè length
lonje point (v), reach (v), stretch (v)
lonnvi binoculars
lontan for long, long
lopital hospital
loray thunder
losti host (communion)
lòt another, different, new, other
lòt kote elsewhere
lota heat rash
lòtbò abroad
lotèl altar
lotòn Fall
lòtrejou the other day
lotri lottery
lou heavy

louch ladle
lougawou werewolf
loup magnifying glass
lous bear
louvri, ouvè open
lwa law, spirit (Voodoo)
lwanj praise
lwaye rent
lwe rent (v)
lwen distant, far
lwès west
lwil oil
lwildoliv olive oil
lyèj cork
lyetnan lieutenant
ma grounds, mast, sediment
ma dlo mud puddle, puddle
ma drapo flagpole
mab marble, marbles
mabònmè nun
mabouya lizard
mach step (stair), walk
machande bargain (v)
machandiz merchandise, goods, freight
machann vendor
machè my dear woman
mache walk (v), succeed, crawl, run (thing), market
mache ansanm go together, walk together
mache avèk go with, hang around with
machin car, machine
machin a ekri typewriter
machin a koud sewing machine
machin ponpye fire engine
machpye doorstep
machwè cheek, jaw
madan Mrs.
Madanm wife, lady

Tradiksyon Mo Kreyòl an Angle

madi Tuesday
madichon curse
madivinèz lesbian, dyke
madoka homosexual
madougoun hernia
madre bright
magarin margarine
magazen store, shop
majistra mayor
majò major
mak bruise, make, mark, scar, track
mak pye footprint
makak monkey
makawoni macaroni, noodle
make label (v), mark (v), record (v)
makèt supermarket
maklouklou hernia
makonmè friend (female), sissy
makonnen tangled
makrèl whorehouse
makwo mackerel
mal male, badly, wrongly, evil, trunk, foot locker
mal makak hangover
malad ill, sick, patient
maladi disease, illness, affliction
maladwat awkward, clumsy
malagòch awkward, clumsy
malalèz uncomfortable
malanga taro (root)
malapri uneducated
malarya malaria
maldan toothache
malè misfortune
malediksyon curse
maledve rude, crude, impolite, insolent

maleng wound, sore (festering)
malerezman unfortunately
malèt suitcase
malfini hawk
malgòj sore throat
malgre despite, for all, in spite of, though
malkadi epilepsy
malkonprann misunderstanding
malmouton mumps
malnouri undernourished
malonnèt dishonest
malozye conjunctivitis
malsen unhealthy
malsite poverty
maltèt headache
maltrete abuse (v)
malzòrèy earache
mamit can (tin)
mamonnen mumble
manba peanut butter
manba pike peanut butter (spicy)
manbo voodoo priestess
manbran membrane
manch handle, sleeve
manch pilon pestle
manchèt machete
manda warrant
mandarin tangerine
mande ask, beg, request (v), require, wonder (v)
mande moun ask around
mande padon apologize
mande pou call for
mandjan beggar
mango mango
manjè eater
manje food, meal, eat, chew up, corrode

manje aswè supper
manje dan grind one's teeth
manje dòmi leftovers
manje midi lunch, noon
dinner
manje mo slur
manje zong bite one's
fingernails
manke lacking, miss (v),
shortage
manke kuit undercooked
manm member, limb (body)
manman mama, mother
manman chwal mare
manman kochon sow (pig)
manman vant placenta
manmèl udder
mannivèl crank
mant mint, peppermint
mantè liar
mantèg lard
manti lie
mantò liar
manto shawl, cloak
manton chin
manyen feel (v), handle (v),
touch (v)
manyezi milk of magnesia
manyòk cassava (root)
manyòk manioc
marasa twin
marasa twa triplet
mare tie (v), attach, rig,
clench, overcast, tide (sea)
marekay swamp
marèl hopscotch
maren marine, navy
marengwen mosquito
marenn godmother
mari husband
marinad fritter
maryaj marriage, wedding

marye married, marry
mas March, mask, sledge
hammer
masay massage
masisi homosexual
mason mason
masonn stucco
matant aunt
match match (sport)
mate bounce
maten morning
matènite maternity ward
matla mattress
matlo sailor
mato hammer
matris uterus
mawon brown, wild, in hiding
mawonnen coil (v)
may link
mayengwen mosquito
mayeto generator
mayi corn
mayi moulen cornmeal
mayi ole corn on the cob
mayi pèt pèt popcorn
mayifik magnificent, splendid
grand, beautiful
mayo tee shirt
mayonnèz mayonnaise
me May
mè nun
mèb furniture
mèch bit (drill), wick
mechan cruel, mean, wicked
mechanste cruelty
meday medal, medallion
medikaman medicine
mèg skinny, lean, emaciated
mekanisyen mechanic
mèkredi Wednesday
mèl grindstone, whetstone
melanj mixture

Tradiksyon Mo Kreyòl an Angle

melanje combine, mix
melas molasses
mele interfere, be in a fix, mix up, tangled
melon melon
melon dlo watermelon
melon frans casaba melon, cantaloupe
memwa memory
men hand, but, here is/are, there is/are
menenjit meningitis
menm same, equal, even (though)
menm jan alike, just as, same way
menm kote the instant
menm kote a instantly, right then and there
menm sèl alone
menmsi even if
mennaj girlfriend, boyfriend
mennas threat
mennase threaten
mennen bring, guide (v), lead (v)
mennen nan machin drive (v)
menopòz menopause
menòt handcuffs
mens thin
meprize ignore, slight
merite deserve, earn
mès mass
mesaj message
mèsi thank you, thanks
mesye mister, gentleman
mèt can (v), master, may (v), meter, owner
met a jenou kneel
mèt boutik shopkeeper
met dife set on fire

mèt kay host
met kòb deposit (v) money
met men tackle (a job)
met men sou get one's hands on
met sik sweeten
met tèt ou sou put one's mind to
metal metal
mete put, enclose, install, load (v), place (v), wear
mete adrès sou address (v)
mete anreta delay (v)
mete ansanm join, work together
mete deyò expel, oust
mete kanpe stand (v)
mete konfians nan trust
mete kouvè set the table
mete lòd straighten up
mete nan boutèy bottle (v)
mete nan plàn hock, pawn
mete nan plas position (v)
mete nan prizon jail (v), imprison (v)
mete so stamp (v)
mete sou frame (v), pin on
meto metals
metri bruise
metsin laxative
metye profession
mèvèy wonder
mèveye marvelous, wonderful
mezi measurement, measure
mezire measure (v), try on
mezondafè pawnshop
mi ripe, wall
midi noon
midonnen starch (v)
migrèn migraine
mikte moisten

mikwo microphone
mikwòb germ
mil thousand
milat mulatto
milatrès mulatto
mile mullet
milèt mule
militon chayote squash
milpat centipede/millipede
milpye centipede/millipede
miltiplikasyon multiplication
miltipliye multiply
milye center, middle
milyon million
minijip miniskirt
minis minister
minit minute
minote handcuff (v)
minousta (MINUSTAH)
United Nations Stabilization
Mission in Haiti
minui midnight
mirak miracle
mis nurse
misk muscle
miskad nutmeg
miskle, manbre muscular
mistè mystery
misye mister, Mr.
misyonnè missionary
mitan center, middle,
between
mitrayèz machine gun
miyò better, improvement
mize dawdle, delay, museum
mizè poverty, misery
mizerab miserable
mizerikod mercy
mizik music
mizisyen musician
mizo muzzle
mò dead (n)

mo word
mòd fashion, kind, style
mòde bite (v), sting
modèl model, pattern
modèn modern
modtèt headache
mòflè muffler
mòg morgue
molas listless
molèt calf
moman moment, instant
mòn hill, mountain
monchè my dear man
monnen change, coins
monnonk uncle
monpè priest
monseyè archbishop, bishop
mont watch
montay assembly line
monte climb up, climb into,
roll up, increase the price,
ride (v), assemble (an object)
monte tèt inflate ones' ego,
agitate
montre demonstrate, point
out, show (v), teach
mòp mop
mòpyon crab louse/crabs
moral moral, spirits
mori codfish, salted/dried
moso piece, part, bit, lump,
slice
motè engine, motor
mòtel lethal
motosiklèt motorcycle
mòtye mortar
mou soft
mouch fly
mouche blow (nose)
mouchwa handkerchief
moul mold

moulen chew, grind, grinder, mill
moumou shift, smock
moun individual, inhabitant, man, people, person
moun fou maniac
moun kap kritike critic
moun kap travay nan biwo clerk
moun ki gen pawòl man of one's word
moun pa influential friend
moun sòt fool, idiot
mouri dead, die, exhausted, numb, stall
mouri grangou starve
mouri kite leave
moustach mustache
moustikè mosquito net
moutad mustard
mouton mutton, sheep
mouvman motion, movement
mouye wet, damp, moisten
mouye tranp drenched, soaked, soaking wet
mov purple
move bad, angry
move gou bad taste, aftertaste
move rèv nightmare
move tan storm, bad weather
move tanperamen temper
move zèb weed
mozayik tile
mwa month
mwatye half, halfway
mwaye hub
mwayen means
mwayènn average
mwèl marrow
mwen m' I, me, my
mwenka quarter till

mwenmenm myself
mwens, mwen less, fewer
myèl bee
myèt crumb
naje swim
nan in, between, to, into, out of
nan dan ou up yours
nan dòmi sleeping
nan fon sonmèy fast asleep
nan gou yon moun to someone's liking
nan konfyolo cahoots
nan peyi etranje abroad
nan plas away (put)
nan plas yon moun in someone's place
nan poblèm be in hot water
nan tchouboum up a creek
nan tèt mental
nan tèt yon moun figment of someone's imagination
nan tout among
nan zòn vicinity
nanm soul
nannan flesh
nanpwen none
nap tablecloth
nap tablecloth
nas fish trap
nasyon nation
nat straw mat
nati nature
nave turnip
nayilonn nylon
ne knot, ribbon
nè nerve
nechèl ladder
nèf new, nine
nèg man, guy
nèg mòn hillbilly
negatif negative

nègès woman, gal
neglijan careless
neglije neglect (v), omit
nemoni pneumonia
nen nose
nen senyen nosebleed
nenpòt any, whichever
nenpòt bagay anything
nenpòt kote anywhere
nenpòt lè anytime
nenpòt moun anybody
nenpòt moun ki who(m)ever
nenpòt sa whatever
nepe sword
nesans birth
nesesè necessary
nesesite necessity
nèt completely, entirely, permanently, thorough
netwaye clean (v), clean up
neve nephew
nevè nine o'clock
nevyèm ninth
neye drown
ni bare, nude, either, or
nich nest
nich fomi anthill
nich myèl beehive
niche lick
nil tie (score)
nimewo number
nivo level
nò north, northern
nofraj shipwreck
nòmal natural, normal, fitting
non name, family name, no
non jwèt nickname
nonk uncle
nonm man
nonmen appoint, nominate
nòs wedding
nòt grade, note

notè notary public
note record (v)
Nòtrepè Lord's Prayer
nou our(s), us, we, you
noumenm ourselves, yourselves
nouri feed
nouris wet nurse
nourisan nourishing
nouriti food
nouvèl message, news
nouvo new, modern
nouvone newborn
novanm November
noyo pit (seed)
nwa black, dark
nwa nut
nwa kajou cashew
nwasi blacken
nway cloud
nwèl Christmas
nwi annoy
nwit night
nyès niece
obeyi obey
oblije oblige, force (v)
odè odor
òdinatè computer
òdinè common, plain, familiar, ordinary, usual
odsidmoun condescending
òfelen orphan
ofisye officer
ofri offer (v)
òg organ (musical instrument)
ògan organ
ogèy pride
ogmantasyon raise
ogmante increase
okazyon opportunity
òkès orchestra
òkèt hiccup

okipasyon business
okipasyon occupation
okipe busy, care for, look after, support (v)
oksijèn oxygen
oktòb October
òlòj clock
olye instead
onèt honest, upright
onz eleven
onzè eleven o'clock
opalè loudspeaker
operasyon operation (medical)
opresyon asthma
optisyen optician
oregano oregano
orevwa good-bye
oreye pillow
oswa or else
otanp church
otèl hotel
oto auto, car
òtopedis orthopedist
otopsi autopsy
otorite authority
ou you, your, or
ou menm yourself
oubyen or
ougan voodoo priest
oumenm yourself
ounfò voodoo temple
ouvè lestonmak open up to
ouvè, louvri open (v), turn on, unfold, unwrap
ouvèti opening
ouvri uncap, turn on
ovè ovary
ovilasyon ovulation
oze dare
pa not, by, through, belong, share, part, step

pa abitye unaccustomed
pa ankò no longer
pa anyen nothing
pa ase insufficient
pa asire unstable
pa bon bad, counterfeit
pa chè cheap, inexpensive
pa dakò differ, disagree, disapprove, opposed
pa dekwa don't mention it
pa dijere undigested
pa do backwards
pa donte untamed
pa dwat crooked
pa fon shallow
pa gen anyen nan there's nothing to
pa kapab unable
pa kè by heart
pa klè ambiguous
pa kontan unhappy
pa la away, absent
pa mache be out of order, out
pa malad well (not sick)
pa manje abstain (food)
pa mwen mine
pa nivo uneven
pa nòmal abnormal
pa pè anyen fearless
pa pwòp unclean
pa rapid slow
pa regle unsettled
pa renmen dislike
pa vle unwilling
pa vre untrue
pa wè pre far-sighted
padkwa you are welcome
padon pardon, forgiveness
padonnen pardon (v), forgive
padsi raincoat
pafen perfume
pafouten sideburns

pafwa sometimes
pagay paddle
pagaye paddle (v), row (v)
paj page
pak Easter, pen
paka dòmi insomnia
pake package, bundle
pakèt many
pakin park (vehicle)
pal light, pale
palan pulley
palè palace
pale speak, talk, conversation, discuss
pale dousman whisper (v)
pale nan zòrèy whisper secretly
palidis malaria
palmis palm (tree)
palpitasyon palpitation
palto coat
pami among
pàn breakdown (machine), not functioning
panche lean, tilt
pandan during, while
pandil clock
pandye hang
panik panic
panike (v) panic
pankad sign, billboard
pankre pancreas
pann hang (v)
pann tèt hang oneself
panplemous grapefruit
panse dress (a wound), think, thought
pansman dressing (wound), bandage
pansyon boarding house, pension
pant slope

pantalon pants
pantalon kout shorts
panten puppet
pantouf slipper
pantyè cupboard
panye basket
panye fatra waste basket
panye rad sal laundry hamper
panyòl Dominican, Spanish
pap pope
papa father
papay papaya
papita chips
papiyon butterfly
papòt doorway, threshold
papye paper, deed, document
papye dekalke carbon paper
papye emri emery paper
papye ijenik toilet paper
papye sable sand paper
parabòl parable
parad review (military)
paradi paradise
paralize paralyze
paran parent, relation
parapli umbrella (rain)
parasòl parasol, umbrella
paravan screen
parazit parasite
pare ready, set, prepare, take cover
parekzam for example
parenn godfather
parenn nòs best man
pares laziness
parese lazy
parèt appear, arise, come out, germinate
paryay bet
parye bet (v)

pas pass, ford
pasaje passenger
pase pass (v) drop by, get by, go by, go through, iron (v), pass (v), strike (v)
pase devan pull ahead of
pase lòd order (v)
pase mal go wrong
pase nan paswa strain
pase nan tèt occur to
pase nwit overnight
pase sou climb over, run over
paske because
paspò passport
paspouki favoritism
pastè pastor
paswa strainer
pat dough, paw, tentacle, toothpaste
pat (pa te), did not
pat gwayav guava paste
pat tomat tomato paste
pataje share (v), divide
patant license
patat sweet potato
pati leave (v), part, share, start out, genitals
pati dèyè chase
pati fi vulva
pati gason penis
pati kite abandon, desert, run out on
patid as of
patinen skid
patiray pasture
patoloji pathology
patriyot patriot
patwon boss, pattern
pawas parish
pawòl word
pay straw, husk, thatch
paydefè steel wool

pè afraid, fear, pair, priest
pèch fishing, peach
peche fish (v), sin
pechè fisherman
pedal pedal
pedale pedal (v)
pèdi lose, lost, miss out, absorbed, immersed
pèdi konnesans faint (v)
pèdi pwa weight loss
pèdi sanfwa ou lose one's cool
pèdi tèt ou lose one's mind, loose oneself
pèdi valè go down (value)
pèdi van deflate
pèdri quail
pedyat pediatrician
pèl pearl, shovel
pèlen trap
pèman wages
pèmanant permanent
pèmèt allow
pèmisyon permission
pen bread, loaf
pen griye toast
pen pèdi French toast
pen tranche bread (loaf)
pen won roll
penchen pinch (v)
peng stingy
penisilin penicillin
penn paint (v)
pens pliers, tweezers, dibble
penso paintbrush
pent painter, artist
pentad guinea fowl
penti paint
pentire paint (v)
peny comb
penyen comb (v)
pèp people

pepinyè nursery
peple multiply, populate
pepsi Pepsi cola
pès pest
pèsèptè tax collector
pèsi parsley
pèsistan insistent, persistent
pèsòn no esone
pèt loss
pèt blanch vaginal discharge
peta firecracker
pete burst, erupt, pop, fart
pete tèt fool oneself
pete tèt ou to kid oneself
pete yon kòlè fly off the handle
pètèt maybe, perhaps
pewòl payroll
pewon sidewalk
peye pay (v)
peyi country, homeland
peyizan peasant
peyman payment
peze weigh, press, bear down, squeeze (v)
pi more, most, pus, well
pi bon best, better, perfect
pi bon pase tout best
pi byen best, better
pi devan ahead
pi gran eldest, older, oldest
pi lwen farther
pi lwen pase beyond
pi mal worse
pi piti least
pi wo pase above
piblik public
pibliye publish
pich pich beady
pichkannen pinch (v)
pifò majority
pifò nan most of

pijama pajamas
pijon pigeon
pik ice pick, pick
pikan thorn
pike prick, transplant, hot (pepper), burn (pepper)
piki injection, shot
pikliz pickles (spicy hot cabbage relish)
pikotman tingling
pikwa pickax
pil battery, mound, heap
pile step on, pound (with a pestle)
piletwal sparkler
pilmonè pulmonary
pilon mortar
piman pepper (chili)
piman dous bell pepper
piman pike pepper (hot)
pinèz bedbug
pinga must not
pini punish
pinisyon punishment
pip pipe (tobacco)
pipi urinate, urine
pire squeeze (v), puree (v)
pirifye purify
pis dance floor, flea
pisannit bedwetter
pise piss
pisin swimming pool
piske since, as
pistach peanut
piston piston, clout, influence
pit sisal
pita later
piti little, small
piti piti gradually
pitimi millet
pitit child, kid, offspring
pitit fi daughter, girl

pitit gason son
pitit pitit grandchild
pitit yo the children
pito instead, prefer, would rather
pitye pity, compassion
pitza pizza
piwili lollipop, sucker
piyay bargain, dirt cheap
pla dish
pla men palm
pla pye sole (foot)
plafon ceiling
plaj beach
plak license plate, phonograph record, plaque
plakbòl shoe polish
plan blueprint, seedling
plàn pawnshop
planch board, plank
planche floor (wooden)
planchèt ironing board
plane hock, pawn
planifye plan (v)
planing birth control
planni level (v)
plant plant
plante plant (v)
plas opening, place, position, space, town square
plasay common law marriage
plastè plaster (medical)
plastik plastic
plat flat, horizontal
plati flatten
plato platter
plato pou bonbon cookie sheet
plato pou gato cake pan
platon plateau
plen fill (v), full, packed
plèn plain

plenn moan, complain
plenyen complain
plezi fun, pleasure
pli pleat, wrinkle
plim pen, feather, eyelash
plimen pluck
plis more
plise pleated
pliye fold (v)
plizyè several
plòg plug
ploge plug in
plon lead
plonbe fill a tooth
plonje dive, dip, spring (v)
plonje sou lunge at
po cover, skin, shell, peel, pitcher, vase
pò harbor
po bèt hide
po bouch lip
po je eyelid
po liv book cover
poban vial
pòch pocket, case, holster
podjab poor soul
pokè poker
poko not yet
poli polite, polish
polis policeman
politik politics
polyestè polyester
polyo polio
pòm apple
pomad ointment, salve
pòmdetè potato
pòmdetè fri French fries
pòmdetè pire mashed potatoes
pon bridge, deck
ponch punch
ponm apple

ponmkèt cupcake, muffin
ponn lay
ponntye (antre) clock in
ponntye (soti) clock out
ponp pump
ponp gazolin gas pump
ponpe pump (v), buck (v)
ponpye fireman
ponya dagger
ponyen handful
ponyèt arm, wrist
pope doll
popilè popular
pòpkòn popcorn
pòpyè eyelid
pòs post
pòs polis police station
pòs radyo radio station
posede own (v)
posib possible
poste mail (v)
posti posture
pòt door
pòtay gate
pòtchanm chamber pot
pote bring, carry, transport, bear (v), wear
potèj amulet
poteksyon amulet
poto beam, pole, post
pòtray chest
pòtre photograph
pou for, in order to, louse, belong
pou byennèt yon moun for someone's own good
pou granmesi for free, for nothing
pou karang louse
pou ki moun whose
pou konnye a for the moment

pou kont li by him/herself, voluntarily
pou kont ou alone, by oneself
pou li his, hers, its
pou tout moun tande out loud
pou tout tan forever, indefinitely
pou toutbon for good
poubèl trash can
poubwa gratuity, tip
poud powder
poud bwa termite
poud elvasyon baking powder
poud kakawo cocoa
pouki, poukisa why
poul chicken, hen, clue, tip
poulen stallion colt
pouli pulley
poulich foal
poumon lungs
poupou feces, shit
pouri rot, decay (v)
pouriti rot, decay
pous thumb, inch
pousan percent
pouse push (v), shove (v), grow
pouso pig
pousyè dust
poutan yet
poutèt due to
poutèt yon moun on someone's account
pouvwa power
pòv poor
pòy cigarette butt
poze ask, break, lay, relax
pozitif positive result
pral *future indicator*

pran take, accept, be in a fix, seize, capture, catch, come down with, get, set (v)
pran ak de bra welcome someone with open arms
pran chans take a chance
pran daso assault (v)
pran devan lead, break away
pran dife catch fire
pran plas yon moun take someone's place
pran plezi enjoy
pran pou to mistake for
pran pou abitid make a habit of
pran ranseyman inquire
pran san ou be patient
pran souf ou catch one's breath
pran tèt yon moun turn someone's head, misdirect someone
pran videyo video(tape) (v)
pran yon bann tan take forever
pran yon moun get even
pran yon woulib hitch a ride
pratik client, practical
pre close, near
prèch sermon
preche preach
prejije prejudice
prekosyon caution
prela tarpaulin
premye first, eldest
prenon name, first name
prentan Spring
preparasyon preparation
prepare prepare
près press (printing)
presbitè parsonage, presbytery

prese rush, hurry (v), urgent
prèske almost, nearly
prèske pa hardly
preskri prescribe
preskripsyon prescription
presye precious
presyon pressure
prèt pou about ready
prèt pou rive close at hand
pretansye pretentious
pretansyon vanity, arrogance, haughtiness
prete borrow, lend
prèv evidence, proof
prevwa forewarn, anticipate, foresee
preyavi notice
prezan present, here
prezante present (v), introduce
prezidan president
pri price, prize
pridan prudent, wise
prije squeeze
prim prize
primè primary school
prive private, personal
privye net
priye pray
priyè prayer
priz outlet (electrical)
prizon jail, prison
prizonnye prisoner
pwa bean, pea
pwa bè butterbean
pwa frans pea
pwa tann green bean
pwa tchous lima bean
pwa wouj kidney bean
pwal fur, animal hair
pwason fish
pwatrin chest

pwatrine tubercular
pwav pepper (black)
pwawo leek
pwaye cuff
pwazon poison
pwèl eyelash, body hair
pwelon frying pan
pwen fist, dot
pwent end, tip, point of land
pwent tete nipple
pwenti pointed
pwès thick
pwi well (water)
pwobab probable
pwoblèm care, concern, drawback, problem, worry
pwoche approach (v)
pwochen neighbor, others
pwochenn next
pwofesè professor
pwofite take advantage of
pwogram agenda, program, show
pwogrè improvement
pwogrè progress
pwolonje prolong
pwomennen walkabout, run around
pwomès promise
pwomèt promise (v)
pwomnad walk, hike
pwomosyon promotion, graduation
pwononse pronounce
pwòp clean, neat, tidy
pwopoze propose
pwopriete property
pwòpte clean (v), cleanliness
pwose law suit
pwosede procedure
pwosesyon procession
pwoteje protect, shield (v)

pwoteksyon protection
pwotestan protestant
pwoteste protest, object (v)
pwouve prove
pwovèb proverb, saying
pwovizyon supplies
pyan yaws
pyanis pianist
pyano piano
pyè flint, stone
pye foot, plant
pye atè barefoot
pyè brikè flint
pye bwa tree
pye douvan forefoot
pyè nan ren kidney stone
pye poul drumstick
pye rezen grapevine
pyebwa tree
pyèj trap, plot
pyès coin, component, part, patch, play, room
pyese patch (v)
pyon piece (game)
ra scarce, rare, uncommon
rabi stunted
rabo plane (tool)
raboure plow
rach ax
rache uproot, tear off
rache dan pull a tooth
rachitis rickets
rad clothes
radi insolent, radish
radiyès insolence
radòt nonsense
radyatè radiator
radyo radio
radyodyòl grapevine
radyografi x-ray
raf raffle
rafle raffle (v)

rafrechi refresh
ragou stew
raj rabies
raje weed, underbrush
rakonte tell, relate
ral undertow
ralanti slow down
rale pull, crawl, inhale, drag
rale kò ou draw back
rale sou pye go on foot, hobble
ralonj extension cord
raman seldom, rarely
rame row (v)
ran row, line
ranch hip
ranch hip
randevou appointment
randman yield
ranje fix, arrange, repair, row
ranje yon lòt jan rearrange
rankin spite
rankontre meet
ranm oar
ranmak hammock
ranmase collect, gather, pick up, acquire
rann render, yield, spit up
rann gaz belch
rann kont realize, account for
rann tèt ou turn oneself in, give oneself up
ranni bray, whinny
rannman yield
ranpe creep
ranplase replace
rans nonsense, rancid
ranse fool around
ranvwaye postpone, fire (v)
ranyon rags (clothing)
rapadou raw sugar
rape grate (v), grab, snatch

rapid fast
rapò report
rapòte benefit (v), tattle
ras race, breed, tribe
rasanble assemble, collect, gather
rasi stale
rasin root
rasire reassure
rat rat
rate shortage
rato rake
ravèt roach
ravin ravine
ray rail
rayi hate, detest
raz boring
razè broke
razwa razor
rebò edge, brim
rebyen make up
rechiya fussy, irritable
recho brazier
rechte throw up, vomit
reclame claim (v)
rèd stiff, stubborn, tense
redi tug
redwi reduce
reèl real, actual
refè recover, redo
refi refusal
refize refuse, deny
reflechi reflect, think
reflèks reflex
règ ruler, menstruation
regilye regular
regle settle, clear up, resolve, punish
regleman rule, settlement
regrèt regret
rejim bunch (bananas), diet
rejis register

rejwi rejoice
rèk mature (fruit)
reken shark
reklam advertisement, commercial
rekòlt harvest
rekòlte harvest (v)
rekòmande recommend, registered mail
rekòmanse start over
rekonfòteaj console
rekonnesans gratitude
rekonnèt recognize, distinguish
rekonpans reward
rekonpanse reward (v)
rekreyasyon recess
rektòm rectum
rèl stripe, yell, shout, scream
rèl do spine
relasyon relationship
rele call (v), call out, yell (v), shout (v), telephone (v)
relijyon religion
relyasyon connection
remake remark (v), observe, notice
remarye remarry
remèd medicine, remedy, cure
remèd kont pwazon antidote
remèd po topical
remèd pou doulè painkiller
remèsiman thanks
remesye thank (v), fire (v)
remèt give back, pay back, refund, repay, return (v)
remiz garage
remòkè tow truck, tugboat
ren kidney
rèn queen, rein
renmen like, love (v), enjoy

rense rinse
repa meal
repann spread
repanti repent
reparasyon repair
repare repair (v), mend
repase review (v), iron (v)
repase to iron
repete repeat, echo
repetisyon rehearsal
repiblik republic
repike transplant
repitasyon reputation
replen refill (v)
repo rest
reponn reply (v), answer (v), respond (v)
repons reply, answer
repoze rest (v)
reprann bounce back
reprezante represent
repwòch reproach, blame
repwoche reprimand, scold
rès rest, leftover, remainder
resansman census
resepsyon reception
reseptak receptacle
resevwa receive, entertain
resi receipt
resif reef
resite recite
resiyòl nightingale
resò spring (metal)
respè respect
respekte respect (v), comply
respirasyon respiration
respire breathe
responsab accountable, responsible
restoran restaurant
ret sou dlo float
ret tann wait (v)

reta delay
retay scraps
rete remain, stay, stop (v), suspend, live
rete stop (v)
rete bèkèkè flabbergasted
retire (wetire) remove, delete, free (v), shave off, strip (v), subtract
retire pwen sou mark someone down
retire rad sou ou strip (v)
retire van nan deflate
retou return
retounen come back, go back, return (v)
retrete retired
retwovizè rear-view mirror
rèv dream
revanj revenge
reve dream (v)
revèy alarm clock, clock
reveye awaken
revini come to
revokasyon discharge
revoke discharge (v), fire (v)
revolvè handgun
reyaksyon reaction
reyini meet, gather
reyinyon meeting
reyon spoke, ray, beam
reyonnman radiation
rezen grape, raisin
rezen sèk raisin
rezèvasyon reservation
rezève reserve (v)
rezilta result
rezistans endurance, stamina
reziste resist
rezon reason, argument, justification, purpose
rezoud resolve, settle, solve

ri laugh (v), laughter, street
ri pou kont ou giggle
riban ribbon
rich rich, wealthy
richès wealth
rido curtain
rigòl gutter
rigwaz whip, crop
rijid rigid
rimatis rheumatism
rin ruin
ris risk
riske risk (v)
rive arrive, come, happen, reach
rivèt rivet
rivyè river
riz trickery
sa it, that, what, would
sa a this
sa vle di in other words
sa yo these, those
sab sand
sable sand (v)
sache paper bag
sad snapper
sadin sardine
saf glutton
safte gluttony
saj wise
sajès wisdom
sak sack, bag
sak grenn scrotum
sak kolèt burlap sack
sak zorye pillowcase
sakre sacred, holy
sakrifis sacrifice
saksofòn saxophone
sal dirty, grubby, messy, room, soil (v)
sal chiriji ward (surgical)
salad salad

salamanje dining room
salami salami
salin salt marsh
saliv saliva
salon living room
salte dirt, filth, impurity
salyè collarbone
salye salute, greet, bow
samdi Saturday
san blood, hundred, without
san doulè painless
san gerizon incurable
san gou bland, tasteless
san kaye blood clot
san konnesans unconscious
san mank definitely
san mouvman immobile, motionless
san pretansyon humble
san prèv groundless
san rete non-stop
san sa without, otherwise
sanatoryòm sanatorium
sanble appear, gather, resemble, seem
sandal sandal
sandriye ashtray
sandwich sandwich
sanfwa composure, self-control
sang cinch
sann ash, cinder
sans direction, sense, meaning
sans konensans vegetative
sansasyon feeling
sansi leech
sansib sensitive, tender
sant fragrance, odor, smell
santans verdict, sentence (judgment)
sante health

santi feel (v), sense (v), smell (v), sniff
santi fò stink
santi ou ka(b)/kapab feel up to
santim cent
santimèt tape measure
santinèl sentry
sanzatann out of the blue
sapat sandal
sapoti sapodilla
saranpyon chicken pox
satan Satan, devil
saten satin
satisfè satisfy, satisfied, happy
savann grassland
savann dezole desert
savon soap
se it is
sè sister
se pou sa therefore
sèch dry
seche dry (v)
sechrès drought
segondè high school
sèjan sergeant
sèk circle, crisp, arid, dry
sèkèy casket, coffin
sekirite security
sekle weed (v)
sekle ak wou hoe (v)
sekrè confidential, secret
sekretè secretary
sèks sex m/f
sekwa conceited
sèl only, saddle, salt
sele saddle (v)
seleri celery
sèlman just, only
selon according to
sèman oath

sèmante swear, swear to it
semèl sole
semenn week
semenn sent Holy Week
seminè seminary
sen saint, holy
sèn scene, seine, sane
senatè senator
sendika labor union
Sendomeng Dominican Republic
sènen surround (v), seine
senk five
senk kòb five cents
senkannde fifty two
senkannkat fifty four
senkannsenk fifty five
senkannsèt fifty seven
senkannsis fifty six
senkanntwa fifty three
senkant fifty
senkanteyen fifty one
senkantnèf fifty nine
senkantuit fifty eight
senkè five o'clock
senp easy, simple
senpati sympathy
sensè sincere
sent saint
Sentespri Holy Spirit
senti belt
senyè lord
senyen bleed
sèpan serpent, snake
sepandan however, nevertheless, yet
sèpantye woodpecker
separe distribute, divide, give out, separate, share (v)
sèpèt sickle
septanm September

sere clench, conceal, hoard, store (v), tight, tighten, save (data)
sere boulon clamp down
sere dan ou grit one's teeth
sere pou cover up for
seremoni ceremony
sereng syringe
seri lock
seriz cherry
serye serious, dependable, for certain
seryezman seriously
sese sissy
sèso clothes hanger
seswa either
sèt seven
sèt otè sky-high
sètè seven o'clock
sèten certain, sure
sètifika diploma
sevè severe
sèvèl brain
sèvèl poul birdbrain
severite severety
sèvi serve, wait on
sèvi avèk use
sèvi lwa voodoo worship
sevi temwen witness (v)
sèvis service, ceremony
sèvo brain
sèvolan kite
sevre wean
sèvyèt napkin, towel
sèz sixteen
sezaryèn Caesarean section
sezi seize, surprise (v), surprised
sezisman shock, surprise
sezon season, period
sezon lapli rainy season

si sour, certain, if, positive, saw, whether, so, much
si a meto hacksaw
si...pa unless (if...not)
sibit sudden
sibitman suddenly
sid south
sida AIDS
SIDA AIDS, HIV
sifas surface
sifi sufficient, enough
sifle whistle
siga cigar
sigarèt cigarette
sijè subject
sik sugar
sik a glase sugar, powdered
sik wouj brown/raw sugar
siklòn hurricane
siksè success
sikyat psychiatrist
sikyatrik psychiatric
silans silence
siman cement
simaye scatter
simen scatter, sow (v), sprinkle (v)
simityè cemetery
sinema movie, theatre
sinis sinus
sinistre refugee, victim
sinon otherwise
sipèvizè supervisor
sipò support
sipòte endure, bear, cope
sipoze suppose
siprime curtail, stunt (v)
sipriz surprise
sire wax (v)
sirèn alarm, siren, mermaid
sirèt candy
sis six

sispann discontinue, abolish, quit, stop
sispèk suspect
sispekte suspect (v)
sistèm system
sit entènèt web site
site name (v), safety
sitèn cistern
sitiasyon situation
sitou especially, particularly
sitwon lime
sitwonad limeade
sitwonnèl citronella
siv chives
siveye watch (v)
sivilize civilize, civilized
siviv survive
siwo syrup
siwo myèl honey
siwoz cirrhosis
siy gesture, sign, signal, beauty mark
siyal blinker, signal
siyati last name, signature
siye wipe, dry (v), saw (v)
siye dan yon moun grate on someone's nerves
siye je ou dry one's eyes
siye kò ou dry off
siyen sign (v)
siyifye mean (v)
sizè six o'clock
sizo scissors
sizyèm sixth
skopyon scorpion
slip underpants
so fall, tumble, seal
sòbè sherbet, sorbet
sòf except, unless
sofgade save (data)
sòl sole
solanèl solemn

solda soldier
solèy sun
solèy kouche dusk
solid solid, firm, stable, steady, sturdy
solitè tapeworm
soloba snack
sòm psalm
somèy sleep
somon salmon
somon salmon
somye box spring
son sound, noise
sonje remember, reflect, remind
sonm dull, dark
sonn stethoscope
sonnen ring (v), jingle
sòs sauce, gravy
sòs tomat catsup
sosis sausage
sosyete society, company
sòt stupid, absurd
sot tonbe fall off
sote jump, skip, explode
sote kòd jump rope
soti come from, germinate, go out
sou drunk, on, onto, upon
sou de pye standing, back on one's feet
sou deyò outwards
sou goumen looking for trouble
sou kont to the charge of, have a chip on one's shoulder
sou kote apart
sou nou in the air
soud deaf
soude solder, weld
soudevlope underdeveloped
souf breath

soufle blow (v), whistle (v)
souflèt slap, whistle
soufrans suffering
soufri suffer
souj sage
souke shake, nod, wag
soukoup saucer
soulaje lighten, relieve
soulajman relief (aid)
soulye shoe
soup soup
soupe supper
soupi sigh
souple please, if you please
souri smile, smile (v)
sourit mouse
sous spring
souse suck
sousèt pacifier
sousi eyebrow, worries
soutni support (v)
soutyen bra
souvan frequently, often, regularly
sovaj wild, rough
sove flee, escape, safe, rescue, save (data)
spesyalis expert
stasyon station, bus stop
stòk stock
suiv follow
swa either, silk, evening
swaf thirst, thirsty
swake whether
swasannde sixty two
swasanndisèt seventy seven
swasanndisnèf seventy nine
swasanndizuit seventy eight
swasanndouz seventy two
swasannkat sixty four
swasannkatòz seventy four
swasannkenz seventy five

swasannsenk sixty five
swasannsèt sixty seven
swasannsèz seventy six
swasannsis sixty six
swasanntrèz seventy three
swasanntwa sixty three
swasant sixty
swasant dis seventy
swasanteonz seventy one
swasanteyen sixty one
swasantnèf sixty nine
swasantuit sixty eight
swe sweat, perspiration
swèl spanking
swen care
swete wish
swif tallow
switch switch
swiv follow
syans science
syèk century
syèl sky, heaven
ta *conditional indicator*
ta late, would
ta ka might, could
tab table
tabak tobacco
tablèt candy (praline)
tabliye apron
tablo blackboard, painting
tabourè stool
tach stain, coconut fiber
tache fasten, pin (v), stain (v)
tafya liquor, booze
tafyatè alcoholic, drunk
take latch (v), lock (v)
takèt slide bolt
takinen tease (v)
taks tax
taksi taxi, cab
takte freckled, spotted
talè shortly, soon

talon heel
tamaren tamarind
tan time, weather
tanbou drum
tanbouyè drummer
tande hear, understand
tande bri nan zòrèy tinnitus
tande zòrèy eardrum
tandrès tenderness
tank tank
tank gaz gas tank
tankou as, like, the same as
tanmen begin
tann await, wait (v)
tannè tanner
tannen tan (v)
tannri tannery
tanp church, temple
tanpe brand (v)
tanperaman temperament, personality
tanperati temperature
tanpèt storm, tempest
tanpon ink pad
tanpri please, I beseech you
tansyon blood pressure
tansyon ba hypotension
tansyon wo hypertension
tant aunt, tent
tante tempt, attempt
tap tap, slap
tap, te ap , was, were
tape type (v), strike (v)
tapi carpet, rug
tas cup
tas edmi one & a half cups
tas eka one & a quarter cup
tat pie, tart (fruit)
tatonnen grope
tay size, sharpener, waist
tay fè mal backache
taye clip (v), snip

tayè tailor
tayo taro (root)
tchak surly, uptight
tchake dice
tcheke check (v), verify
tchouboum deep pit, deep trouble
tè earth, soil, land, ground
te *past indicator*
te tea
te cho tea, hot
te dwe should, ought
te glase iced tea
tebe tuberculosis
teknik technique
tèks text
tèkste text (v)
tèl such
telefòn telephone
telefonnen telephone (v)
telegram cable, telegram
televizyon television, television set
tèlman so, so much
tèm term
tèmomèt thermometer
tèmòs thermos bottle
temwen witness
ten thyme
tenèb darkness
teni attire, outfit
tenis tennis, tennis shoe
tenm stamp
tenten nonsense
tenyen je wink (v)
tep adhesive tape, tape recorder, tape
tepe tape (v)
terebantin turpentine
terib terrible
testaman will, testament
tèt head, top

tèt anba upside down
tèt ansanm coalition
tèt chaje hassle, worry, concern
tèt di stubborn, stubbornness
tèt kabann headboard
tèt kay roof
tèt tiyo faucet
tèt zorye pillowcase
tèt-fè-mal headache
teta tadpole, sucker (fish)
tetanòs tetanus
tete breast, teat, suck, suckle
tetin nipple
teyat theater
ti little
ti bebe baby
ti bèt insect
ti bout piece
ti chat kitten
ti chemen track, path
ti chen puppy
ti dejene breakfast
ti fi girl, little girl, virgin
ti gason boy, small boy
ti kiyè teaspoon
ti kras dab
ti kras dash/a little
ti moman moment
ti monnen change
ti moso piece
ti non nickname
ti pen roll of bread
ti rivyè stream
ti soufri weakling
ti tèt birdbrain, small of character
ti trip small intestine
ti van breeze
tib tube
tibonm spearmint
tife heat rash

tifoyid typhoid fever
tig tiger
tikè ticket
timoun child, kid
timoun lekòl schoolchildren
tip type of person, type, guy
tiraj drawing (lottery)
tirè dash
tire fire (v), milk (v), shoot (v), stretch (v)
tire kò stretch (v)
tise weave
tit title
tiwa drawer
tiwèl trowel
tiyo faucet, pipe
tizan herbal tea
tò wrong
tòchon dish-towel
tòde twist (v), squeeze (v), wring
toksisite toxicity
tòl sheet metal, tin, galvanized roofing
tomat tomato
ton tuna
tonbe fall (v), drop (v), tumble
tonbe malad ankò relapse
tonbe menm lè coincide
tonbe nèt go to the dogs
tonbe pou fall for
tonbe sou bump into, encounter
tondèz lawn-mower
tonèl arbor
tonik tonic water
tonm tomb
tonnè thunder
tonton uncle
tonton nwèl Santa Claus
topi top
total total

tòti turtle
tou too, every
tou bote dimple
tou bounda anus, asshole
tou dèyè anus
tou dwat directly, straight ahead, upright
tou kole ak jammed up against
tou le de both
tou nèf brand-new
tou pòt keyhole
tou pre nearby, close
tou rego sewer
tou wòch cave
toubiyon whirlwind
touche touch, be paid
toudi dizzy, stunned, dazed
toudisman dizziness
touf clump, tuft
toufe smother, suffocate, congestion
toufe suffocate (v)
toujou always, forever, still
touman torment
toumante torment (v)
tounen return, turn back
tounen mal backfire
tounvis screwdriver
toupatou all over, around, everywhere
touris tourist
tous cough
touse cough (v)
tout all, entire, every
tout ansam altogether
tout bagay everything
tout jan in any case
tout kote everywhere
tout moun everyone
tout nèt every bit
tout tan all the time

toutafè completely
toutbon really, indeed
toutotou around, all around
toutouni naked
toutrèl dove
toutswit at once, immediately
touye kill, murder, turn off/out
touye je wink (v)
touye tèt ou knock oneself out
towo bull
tradwi translate
traka worry, trouble
traktè tractor
tranble tremble, shiver
tranbleman trembling
tranblemann (de tè) earthquake
tranch slice
tranche contraction
trangle choke, strangle
trankil tranquil, calm, peaceful
trankil, san bri quiet
trannde thirty two
trannkat thirty four
trannsenk thirty five
trannsèt thirty seven
trannsis thirty six
tranntwa thirty three
tranp soaked
tranpe soak (v), dip (v), dunk, marinate
trans trance
transfere transfer
transfizyon transfusion
transmisib transmissible
transmisyon transmission
transplante transplant
trant thirty
tranteyen thirty one
trantnèf thirty nine

trantuit thirty eight
tras trace, track
trase mark off
trase yon egzanp make an example of
travay to work, employment, job
travay tè farm (v)
travayè worker
travès beam, crossbeam
travèse cross (v)
trayi betray
trè very
trèf clover, clubs
trelè trailer
tren train
trennen drag
trennen pye drag ones feet, shuffle (v)
très braid
tresayi shudder
trese braid (v), weave
trèt traitor
trete treat (v)
trètman cure, treatment
tretman tèks word processing
trèz thirteen
trezò treasure
trezorye treasurer
tribiche stumble
tribinal court
triche cheat
trimès trimester
trip guts, intestine(s), tripe
tripotay gossip
tris sad, unhappy
trisèp triceps
twa three
twal cloth, fabric
twal asyèt dishtowel
twal gaz gauze

twati roof
twazè three o'clock
twazyèm third
twil screen
twò too
twò chè too expensive
twò gra overweight
twoke exchange, swap (v), trade
twon trunk (tree)
twonpe deceive
twonpèt trumpet
twòp too much, excess
twòp remèd overdose
twote trot
twotwa sidewalk
twou hole
twou nen nostril
twoub trouble, confusion
twouble annoy, trouble
tyèd tepid
tyèd warn, lukewarm
uitè eight o'clock
va *future indicator*
vach cow
vag vague
vakans vacation, holiday
vaksen vaccine
vaksinen immunize, vaccinate
valab valid
valè amount, value
vale swallow (v)
valiz briefcase, suitcase
van breeze, wind
vandredi Friday
Vandredi Sen Good Friday
vani vanilla
vanjou dawn, pre-dawn
vann valve, sell (v)
vannen winnow
vanse advance (v)

vant abdomen, belly, stomach
vant fè mal stomachache
vante blow (v), evaporate, boast (v)
vantilatè fan
vantrikil ventricle
vapè steam
vaporizatè vaporizer
varis venn varicose vein
vav valve
vaz chamber pot
vazlin Vaseline
vè glass, lens, worm, towards
ve vow
vè solitè tapeworm
vèb verb
vèmisèl vermicelli
ven twenty
veneryèn venereal
vèni varnish (v)
venk conquer
venn blood vessel, vein, artery
vennde twenty two
vennkat twenty four
vennsenk twenty five
vennsèt twenty seven
vennsis twenty six
venntwa twenty three
venteyen twenty one
ventnèf twenty nine
ventuit twenty eight
vèp vespers
vèrèt smallpox
vèri wart
veritab breadfruit, true
verite truth
vès coat
vès suit coat
vèse verse, pour
vèsèl dishes

vèsman installment
vèt green
vètè earthworm
vètèb vertebra
vètij vertigo
vèv widow
vèy wake (funeral)
veye watch (v), guard (v), spy (v)
veye lè watch the clock
veye zo ou take care
vi life, lifetime, view
vid empty, hollow
vide empty (v), pour, spill
videyo videotape
viktim victim
viktwa victory
vil city, town
vilbreken bit brace
vin avèg go blind
vin di harden
vin mou soften
vin nan tèt yon moun enter someone's mind, occur to
vin pi mal deteriorate
vinèg vinegar
vini, vin come, become
vire turn (v), spin (v)
vire do turn one's back on
vire sou lòt bò roll over
virewon turn around
viris virus
vis screw, vice
vise screw (v)
visye having vices, wicked
vit fast, glass, quickly, rapidly, window
vit devan windshield
vitamin vitamin
vitès gear, speed
viv live (v)
vivan alive, living

viwonnen surround
viza visa
vizavi opposite
vize aim (v)
vizit visit
vizite visit (v)
vizitè visitor
vizyèl visual
vle desire, let, please (v), want
vle di mean (v), mean to say, imply, insinuate
vle pa vle like it or not
vlope wrap, wind (v)
vlou velvet
vo be worth
vodou voodoo
vòl flight, theft
volan steering wheel
volay poultry
vole fly (v)
vòlè rob, robbery, steal (v), thief
vòlè bous pickpocket
volebòl volleyball
volim volume
volonte determination, desire
vomi vomit (v)
vomisman vomiting, nausea
vonvon beetle
vòt vote
vote vote (v)
voum large quantity,
voye throw, toss, send
voye je sou keep an eye on
voye men wave (v)
voye mò cast a spell
voye pye kick (v)
voye tounen deport
vre true, real
vwa voice
vwadlo leak, (see fè vwadlo)

vwal sail, veil
vwalye sailboat
vwati car
vwayaj travel, trip, voyage
vwayaje travel (v)
vwayajè traveler
vwazen neighbor
vwazinay neighborhood
vyann meat, flesh
vyann bèf beef
vyann kochon pork
vyann moulen ground beef
vyann mouton lamb
vye old, ancient
vyèj virgin
vyèy fi old maid
vyeyi age (v)
vyolan violent
vyolans violence
vyolèt purple
wa king
waf dock, pier, wharf
wanga fetish, charm
wanga nègès hummingbird
watchmann watchman
watè bathroom, restroom
wayal royal
wayòm kingdom
wè see, notice (v)
wè nan see in
wench winch
wete remove
wetire remove
wi yes
wikenn weekend
winchil windshield wiper
wiski whiskey
wit eight (see **uit**)
wityèm eighth
wo high, tall
wòb dress
wòbdeben robe, bathrobe

wòbdenwi nightgown
wobinè tap, spigot
wòch rock, stone
wòl role, one's place
woma lobster
won round, exactly
wonfle snore
wonm rum
wonma lobster
wonmponch rum punch
wonn circle, ring
wont shame, embarrassment
wonyen gnaw
wosiyòl nightingale
wote burp
wotè height
woti roast
wou hoe, wheel
wouj red, bloodshot, inflamed
wouji blush, reddened
woul hooky
woule roll (v)
woulèt hem
woulib lift, ride
woulo roll, curler
woulong mongoose
wout road, path, trail
wout tè dirt road
woutin routine
wouy rust
wouye rust (v), rusty
wouze sprinkle, water (v), irrigate, baste
wòwòt unripe
woz pink, rose
wozèt bow tie
wozo reed
yanm yam
yè yesterday
ying-yang feud
yo their, them, they
yòd iodine

yomenm themselves
yon one, a, an
yon bagay something
yon bann many, lots, a lot
yon fwa once, once upon a time
yon lè konsa every now and then
yon lòt another
yon lòt jan differently
yon lòt kote elsewhere
yon moun one, someone
yon pakèt many, lots, a lot
yon sèl single, one only
yon sèl fwa once
yon ti jan somewhat, a little (bit)
yon ti moman awhile, a moment
yon tigout a drop, a small quantity, pinch
youn one
youn apre lòt consecutive, one after another, single file
youn dèyè lòt back to back, consecutive
youn ou lòt either one
yoyo yoyo
zaboka avocado
zabriko mamey
zafè belongings, business
zago hoof
zak act
zalantou about, around
zam arms, weapon
zangi eel
zanj angel
zanmann almond
zanmi friend
zannanna pineapple
zannimo animals
zanno earring

zanpoud blister
zansèt ancestor
zantray innards, vitals
zarenyen spider
zarenyen krab tarantula
zaviwon oar
ze egg
ze alakòk egg, soft boiled
ze bouyi egg, hard boiled
ze bwouye egg, scrambled
ze fri egg, fried
ze poche egg, poached
zèb grass
zèb chèch hay
zebat egg, scrambled
zègrè heartburn
zegwi needle
zeklè lightening
zèl wing, fender, fin
zen fishhook
zepeng pin
zepeng kouchèt safety pin
zepi ear (corn)
zepina spinach
zepòl shoulder
zepon spur
zetriye stirrups
zetwal star
zewo zero
zil island
zip zipper
zipe zip (v)
zizye gizzard
zo bone, die (dice)
zo biskèt breastbone
zo jamn shin, tibia
zo nen bridge (nose)
zo rèl do backbone
zo salyè collarbone
zo tèt skull
zobòy bunion
zoliv olive

Tradiksyon Mo Kreyòl an Angle

zòrye pillow	**zòn** area, region
zòtèy toe	**zonbi** zombie
zotobre big shot	**zong** fingernail
zouti tool	**zong nan chè** ingrown nail
zwa goose	**zong pye** toenail
zwazo bird	**zonyon** onion
zwit oyster	**zoranj** orange
zye eye	**zoranj si** sour orange
	zòrèy ear